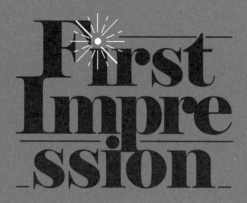

퍼스트 임프레션

상대를 사로잡는 첫인상의 힘

First Impression

퍼스트 임프레션

상대를 사로잡는 첫인상의 힘

린다 골드맨, 산드라 스마이드 지음 | 나선숙 옮김

큰나무

당신은 지금 어디에 서 있습니까? 직업의 변화를 모색 중인가요? 승진을 향해 노력하고 있습니까? 아니면 직장을 구하고 있습니까? 판매나 영업의 서비스 분야에 몸담고 있습니까? 사업 확장을 위해 고객을 찾고 있습니까?

어디에 서 있든 간에, 당신은 당신의 미래에 영향을 줄 수 있는 사람들과 만나야 합니다. 그들에게 주는 당신의 인상이 어떤 식으로든 영향을 미치게 될 것입니다.

아무리 좋은 첫인상이라도 첫인상은 당신이 원하는 승진이나 직업을 당장 던져 주지는 못합니다. 첫인상이라는 것이 원래 그렇습니다. 하지만 좋은 첫인상은 두 번째 인상과 세 번째 인상을 심어줄 기회의 문을 열어 줍니다. 긍정적인 첫인상을 토대로 매번 당신의 인상을 강화해 나갈 수 있습니다. 이것이 당신의 재능과 능력을 보여줄 방법입니다. 또한 진정한 당신을 알리는 길입니다.

좋은 첫인상을 전달하지 못하면, 두 번째 인상을 심어줄 기회조차 주어지지 않습니다. 그래서 첫인상이 중요합니다.

일단 좋은 첫인상 만드는 방법을 알고 나면, 쉽고 간편하게 활용할 수 있으며 그 습관을 제2의 천성으로 만들 수 있습니다. 예를 들어, 시선 맞추기의 강력한 효과를 알고 난 후에는 더 이상 생각할 필요 없이 자동으로 실천할 수 있을 것입니다.

이 책은 짤막짤막한 1분 담화 형식으로 구성되어 있습니다. 페이지별로 각각의 아이디어가 담겨 있습니다. 처음부터 끝까지 읽어나가거나 아니면 필요한 부분을 골라 읽으십시오. 그 이야기들이 당신에게 효과적인 아이디어를 제공할 것입니다. 또한 '황금 규칙'이라는 요약된 내용으로 간단히 이해할 수도 있습니다.

당신의 직업 전선에 이 책을 이용하십시오. 항상 이 책을 지니고 다니십시오. 친구들에게 선물로 주어도 좋습니다. 직업적으로 새로운 상황에 당면할 때마다 이 책을 참고하십시오. 그리고 마침내 이 기술들을 갈고닦아서 이 세상에 당신의 최고 모습을 나타내 보이십시오. 그럼 틀림없이 당신의 개인적 · 사업적인 목표를 달성할 수 있을 것입니다.

린다와 산드라

차례

Chapter 4 　최상의 이미지를 만드는 방법

나를 홍보하는
이미지

준비된 이미지가 자신감을 불러온다

면접의 처음 5초 안에 비전문적인 사람으로 비쳐진다면,

남은 면접 시간 내내 그 인상에 지배당한다.

_ 로렌 번(SF 마케팅 인사관리부장)

직업적으로 불안함을 느낀 적이 있는가? 당신의 능력보다 더 높은 수준의 인간관계 기술이 필요한 직위로 승진했는가? 면접을 볼 때나 중요한 프레젠테이션을 할 때 당신이 지닌 최고의 자질을 성공적으로 드러낼 수 있는가?

누구나 새로운 상황과 환경에 불안함을 느낀다.

몇 년간 판매 부서에서만 일했던 26세의 여성, 로리의 경우를 예로 들어보자. 그녀는 재정 악화로 회사가 문을 닫는 바람에 실직했다. 그런데 때마침 한 출판사에서 직원을 구한다는 소식을 들었다. 평소 책을 좋아했던 로리는 그 일이 자신의 이상적인 직업이라고 생각했다. 하지만 사장의 면접을 거쳐야 한다는 사실이 몹시 불안했다.

로리는 우리에게 면접 준비를 도와달라고 부탁했다. 우리

는 그녀에게 옷과 액세서리들을 골라 주었고, 자신감 있게 악수하는 방법과 올바른 보디랭귀지의 전달 방법을 연습시켰다. 또한 그녀는 그 회사에 대한 자료를 조사하고, 그 회사에 맞는 이미지를 갖추기 위해서 노력했다. 그 결과, 그녀는 그 출판사에 취직할 수 있었다.

나중에 그녀는 우리와 함께 했던 준비 과정이 많은 도움이 되었다고 얘기했다. 로리는 전문적이고 그 직위에 맞는 이미지로 보이는 방법을 배웠고, 그 지식은 꿈꿔 왔던 직업을 얻는데 필요한 자신감까지 북돋아 주었다.

당신 역시 로리와 같은 방법으로 목표를 이룰 수 있다.

이미지가 중요한 이유

모든 사람과 물건, 그리고 장소와 직업에는 이미지가 있다.

캐서린 브라운은 민첩하고 신중하며 일 욕심이 많다.
조 그린은 상냥하지만 태평하고 아는 체를 잘한다.

이 두 사람에 대해서 당신의 머릿속에는 어떤 이미지가 떠오르는가? 또한 둘 중 누가 자기 일에서 성공할 것 같은가? 당신은 어떤 사람과 함께 일하고 싶은가?

이 질문에 대한 당신의 대답은 무엇인가? 당신은 단 세 단어의 나열만으로, 이미 그 사람에 대한 하나의 이미지를 형성했다. 그리고 그 이미지를 바탕으로 판단까지 내렸다. 이렇듯 모든 사람과 물건, 그리고 장소와 직업에는 이미지가 있다.

뉴욕을 생각하면 어떤 이미지가 떠오르는가? 타히티섬을 생각할 때와 똑같은 이미지인가? 야구장의 먹거리로 컵라면을, 프랑스 레스토랑의 음식으로 달팽이 요리를 떠올리는 이유가 무엇일까? 고급 음식이라는 이미지 때문이 아니라면 왜 굳이 사람들이 달팽이 요리를 먹고 싶어 하겠는가?

우리는 모두 하나의 이미지를 발산하고 있다. 당신이 발산하는 이미지에 대해서 생각해 본 적이 있는가? 아무리 생각해도 자신에게는 특별한 이미지가 없다는 결론이 나오는가? 그렇다 할지라도 그것 또한 사람들이 당신을 보는 이미지이다. ― 별다른 특징이 없는 그렇고 그런 이미지 말이다.

그렇다면 지금부터라도 긍정적인 이미지를 발산할 수 있도록 스스로를 관리하는 편이 더 낫지 않을까?

....

자신을 팔기 위해 면접장에 왔다는 것을 깨닫지 못하는 사람들이 있다. 그들은 부적절한 옷차림으로 면접 장소에 올 뿐만 아니라 그 회사에 대해서 아는 것이 없어 적절한 질문도 하지 못한다. 결과적으로 월급만 타 먹으려는 사람처럼 보인다.

대니 디패티(다이나캐스트 캐나다 Inc. 인사관리부장)

찰나의 이미지

비즈니스 세계에서 사람들은 진실한 당신을 알아볼 시간이 없다.

한번 각인된 첫인상은 오랜 시간 지속된다. 하지만 그런 첫인상을 만드는 데는 10초도 걸리지 않는다. 이미지는 순간적이다.

캘리포니아 대학의 심리학과 교수 알버트 메러비안은 사람이 다른 사람을 어떻게 인지하는지에 대하여 실험을 했다. 그 결과 첫인상은 다음과 같은 기준으로 형성된다는 사실을 밝혀냈다.

- 시각적인 효과 55%
- 목소리 38%
- 말하는 내용 7%

위의 결과에서도 알 수 있듯이, 첫인상을 형성하는 데 가장 중요한 것은 시각적인 이미지이다. 즉, 대부분의 사람들이 한번 흘깃 훑어보는 것만으로 상대를 평가해 버린다는 것이다!

"그건 공평치가 않아요. 오랜 시간을 두고 그 사람의 진실한 모습을 알아봐야 한다고요."라고 반박하는 사람들도 있을 것이다. 분명 이런 일이 공평하지 않을 수도 있다. 하지만 이게 바로 이 세상이 돌아가는 방식이다. 비즈니스 세계에서 사람들은 진실한 당신을 알아볼 시간이 없다. 빠르게 판단을 내리고, 좀처럼 그 생각을 바꾸지 않는다. '중요한 것은 안에 있는 내용물'이라고 항변하는 사람도 있을 것이다. 그것이 옳은 말이기는 하다. 그렇지만 우선 당신이 자신의 포장지에 관심을 두지 않는다면, 그 안에 아무리 가치 있는 물건이 들어 있어도 아무도 알아보지 못한다. 인간은 시각적인 동물이다. 간혹 내용물보다 겉포장에 더 공을 들이는 이유도 바로 이것 때문이다.

———— 황금 규칙 ————

당신의 외모가 당신의 시각적인 이력서이다.

'소리 없는 신호들'이 중요한 이유

난 항상 누군가가 되고 싶어 했다.

하지만 이제 더 구체적이어야만 한다는 것을 알았다.

_ 릴리 톰린

우리의 시각적인 인상은 총 다섯 가지로 구성된다. 우리가 입는 옷, 우리의 보디랭귀지, 표정, 자세, 손짓 발짓과 같은 몸짓들. 이런 것들이 바로 우리가 자신도 모르게 내보내는 '소리 없는 신호들'이다.

면접을 보거나 네트워크 모임에서 사람들과 만났을 때 당신은 언제나 구구절절 올바른 말과 칭찬을 늘어놓을 수도 있다. 그러나 적당한 옷차림을 하지 않은 채 잔뜩 인상을 찌푸리고 있다면 그 좋은 말들은 전혀 쓸모가 없어질 수도 있다.

결국 우리가 내보내는 소리 없는 신호들이 만드는 이미지는 우리에 대해서 우리가 하는 말보다 많은 것들을 얘기해 준다.

깔끔한 정장을 입고 똑바로 서서 열성적으로 얘기할 때, 그 사람이 어떻게 보일지 상상해 보라. 그 사람은 똑같은 자질을 지녔으면서도 덜 전문적인 모습을 보이는 사람들보다 성공할 가능성이 훨씬 크다.

여러 연구 조사의 결과를 봐도 전문적인 모습과 대화 기술을 지닌 사람이 원하는 직업을 구할 가능성이 더 높은 것으로 나타났다. 또한 그들은 더 빨리 승진하고 더 많은 연봉을 받는다. 당신 역시 자신에게 도움이 되는 시각적인 이미지를 만들어야 하지 않겠는가?

직업적인 역할을 이해하는 것이
올바른 이미지를 만든다

직무 역할에 대한 올바른 이해가 있어야만 비로소 자신을
내보이는 방법과 행동 방향을 결정할 수 있다.

직업 세계는 일종의 연극 무대이다. 당신은 회사에서 일반 고객들을 상대한다거나 몇몇 핵심 고객들과 함께 일을 해나 가야 한다. 혹은 면접이나 승진 시험을 준비하는 중일 수도 있다. 어떤 경우든 무엇보다도 중요한 것은 우선 당신의 직무 역할을 이해해야만 한다는 것이다.

직무 역할에 대한 올바른 이해가 있고 나서야 비로소 자신을 내보이는 방법과 행동 방향을 결정할 수 있다.

누군가를 만나는 몇 분 동안에 우리는 상대방의 다양한 측 면들, 즉 나이와 교육 정도, 경제 수준, 결혼 여부, 직업, 신뢰 성과 성공 가능성 등을 짐작한다.

스스로가 어떤 사람인지, 또 자신의 직무 역할은 무엇인지 생각해 보자.

금융 투자 회사에 이력서를 낸 사람이라면 신뢰감이 풍기는 이미지를 보여야 한다. 그러기 위해서는 보수적인 정장과 액세서리를 선택하는 것이 효과적이다. 하지만 광고 회사에서 일하는 사람은 이처럼 격식을 차린 정장 차림보다 신세대적인 옷차림으로 창조적이고 현대적인 모습을 보이는 편이 낫다. 첨단 기술 산업에 몸담고 있는 사람들이 캐주얼한 옷차림을 즐겨 입는다는 건 이미 널리 알려진 사실이다.

당신의 직무 역할은 무엇인가? 또한 사람들에게 어떤 특징을 보여 주어야 하는가?

....

낯선 사람을 만났을 때는 처음 몇 분이 가장 중요하다. 강한 첫인상으로 자신에 대한 정보를 제공하라. 그것이 두 번째 인상을 줄 기회가 생길지의 여부를 좌우한다.

_마틴 쇼(어베일러블 경영자)

당신의 얼굴이 당신을 말해 준다

표정은 말하는 내용이나 목소리보다

더 강한 영향력을 지닌다.

다른 사람의 신호를 잘못 받아들인 적이 있는가?

심각해 보이는 표정의 친구에게 무슨 좋지 않은 일이라도 있나 싶어서 "왜 그래? 무슨 일이야?"라고 물었을 때, 당신의 친구는 오히려 의아하다는 듯이 "아무 일도 없어, 왜 그러는데?"라고 반문했던 경우가 있었을 것이다.

우리는 가끔 우리의 표정을 의식하지 못한다. 정신을 집중하려는 것뿐인데, 다른 사람에게는 그 표정이 찌푸린 것으로 보이기도 한다. 또한 긍정적인 말을 하고 있을 때라도, 미간에 잡힌 주름으로 인해 상대방은 당신이 불편하거나 화난 것으로 오해하기도 한다.

많은 사업가는 협상하는 중에는 자기 생각을 드러내지 않기 위해 의도적으로 속을 알 수 없는 무표정한 얼굴을 만들어 내기도 한다. 이것은 분명 협상 테이블에서는 효과적일 수 있다. 그러나 다른 환경에서는 절대 효과적인 방법이 아니다.

앞서 캘리포니아 대학 알버트 메라비안 교수의 실험으로 보았듯이, 표정은 말하는 내용이나 목소리보다 강한 영향력을 지닌다.

당신의 표정이 어떤지 확실히 모르겠는가? 그렇다면 지금 당장 거울을 들여다보거나 가까운 친구에게 물어보라.

─── 황금 규칙 ───

당신의 외모 중 가장 중요한 것은 표정이다.

진심 어린 미소의 강력한 효과

스마일, 스마일, 스마일

_ 미레이유 탕궤이(벅스 고객관리부장)

    누구나 아름다운 외모를 가지고 태어나는 것은 아니다. 하지만 전혀 돈이 들지 않는 화장, 바로 미소 하나만으로 당신은 지금보다 더 아름다워질 수 있다. 그러나 우리에게는 어린 시절부터 몸에 밴 습관을 계속해서 유지하려는 경향이 있기 때문에 이 아름다운 미소를 짓는 일이 생각처럼 쉽지만은 않다.

    미소가 너무 지나치거나 부족해서는 안 된다. 어떤 남자는 더 자주 미소 지을 필요가 있고, 어떤 여자는 지나치게 웃지 않도록 조심해야 한다.

    무엇보다도 중요한 것! 거짓된 미소는 당신을 더 밉상으로 보이게 한다. 이런 미소는 추하다. 얼굴 전체가 아니라 입술만 움직이는 미소 또한 마찬가지이다.

    그러나 나쁜 소식을 듣거나 전할 때조차 미소 짓거나 웃을 수는 없는 노릇이다. 표정은 무엇보다 상황에 맞아야 한다.

진심으로 미소 지을 때, 당신은 상대방에게 상냥함과 관심을 내보이게 되는 것이며, 당신의 미소가 따뜻함과 열린 마음을 전달한다. 그리고 그것은 신뢰감과 함께 당신에게 진정 긍정적인 관심을 끌어들인다.

미소는 타인에게 편안함을 주고, 활기를 북돋운다. 진심 어린 미소는 결코 입술에만 머무르는 것이 아니다.

"눈으로 미소 지어라."

....

기분 좋은 미소는 지금의 상황이 즐겁다는 뜻을 전달한다. 면접 시에 보이는 한번의 미소가 그곳에 와 있는 것이 행복하며 그 직업을 진심으로 원하고 있다는 의미를 전달한다.

_ 미셸린 다우스트(퀸텀사 훈련개발부장)

시선을 맞추고 눈으로 대화하라

시선을 맞추는 행동은 당신이 상대방에게
집중하고 있음을 보여 준다.

시선을 맞추는 행동은 당신이 상대방에게 집중하고 있음을 보여 준다. 이것은 당신이 상대의 말에 귀 기울이고 있음을 알리는 최상의 방법이다. 말하는 사람을 바라보지 않으면, 상대방은 당신이 관심을 갖지 않았거나 심지어는 무언가 숨기는 게 있다고까지 생각하게 된다.

반면에 상대방과 분명하게 시선을 맞추는 사람은 믿을 만한 사람으로 여겨진다. 단지 수줍음이 많아 시선을 피하는 사람들이 간혹 교활하다는 오해를 받는 것도 이 때문이다.

하지만 상대방의 얼굴을 지나치게 빤히 쳐다보지는 말라. 그러면 오히려 상대를 거북하게 만든다.

우리는 곧잘 '눈으로 대화한다'라는 말을 한다. 눈은 마음의 창이다. 눈으로 진정한 이해와 따뜻함을 전달하며 대화를 나눠라.

눈으로 대화하는 세 가지 기술

• 상대방의 눈을 빤히 응시하는 것보다 그 사람의 전체적인 얼굴을 바라보라.

• 상대방이 말할 때 그들의 입술을 쳐다보라. 그것은 당신이 그들의 말을 '듣고 있다'는 의미를 전달한다.

• 이따금씩 내용을 받아 적거나 가끔 상대의 어깨를 쳐다보는 식으로 지속적인 시선 맞추기의 긴장감을 해소하라.

....

팀 캐나다 미션(Team Canada Mission, 정보통신 기술 분야 회사들의 수출을 돕기 위한 민관 합동 프로그램)에서 캐나다의 수상과 열 명의 장관들이 모두 우리에게 시선을 맞추며 진심 어린 미소로 따뜻하게 맞아 주었다.

로버트 리(아이콘 테크놀로지. 국제 서비스부장)

당신의 행동이 말 없는 메시지를 보낸다

당신의 행동은 말보다 먼저 당신에 대한 메시지를 전달한다.

정치인들의 행동을 눈여겨본 적이 있는가? 그들은 자신감 있게 연단으로 성큼성큼 걸어간다. 그리고 과감하게 움직이며, 자신의 모든 동작을 컨트롤한다. 정치인들은 자기 동작이 자신의 이미지에 미치는 영향력을 명확하게 인식하고 있다.

당신의 보디랭귀지는 말보다 먼저 당신에 대한 메시지를 상대방에게 전달한다.

30세의 컴퓨터 기술자 테드는 새로운 직장을 구하고 있다. 그래서 구직 활동의 일환으로 첨단 산업 종사자들을 위한 모임에 참석한다. 하지만 그는 그 장소에 고개를 숙이고 시선을 피하며 들어가 누군가가 자신에게 다가와 말을 걸어 주기만을 기다린다. 물론 그에게 말을 걸어오는 사람은 없다. 그가 지금 불편하고 불안해한다는 명백한 신호를 보내고 있기 때문이다.

29세의 시스템 애널리스트인 보니도 똑같은 모임에 참석했다. 그녀는 입구에서 잠시 멈췄다가 당당하게 안으로 들어선다. 그녀의 자세와 태도는 "내가 여기 있어요. 나는 내가 해야 할 일을 잘 알아요."라는 의미를 전달하고 있는 것이다. 그 모임에서 그녀는 유익한 인간관계를 형성했다.

어떤 장소에 들어서기 전에, 잠시 자세를 가다듬는 시간을 가져라. 그다음에 열성적으로 자신 있게 목적지로 걸어가라. 느릿하고 의미 있게 고개를 끄덕여 인사하고 편안한 표정으로 미소 지으며 움직여라. 그 보디랭귀지는 당신뿐만 아니라 다른 모든 사람들에게 자신감과 침착성을 전달해 줄 것이다.

바른 자세가 세상을 정면으로 보게 한다

똑바로 서면 더 넓어진 시야와 함께 충만한 자신감을 느낄 수 있다.

드보라는 180센티미터에 육박하는 대단히 큰 키를 가진 여성이다. 그러나 그녀는 자신의 큰 키를 드러내는 것을 전혀 부끄러워하지 않으며 오히려 서슴없이 행동한다. 자신의 그런 행동에 대해 그녀는 이렇게 말한다.

"내가 젊었을 때는 내 큰 키를 숨기기 위해 잔뜩 어깨를 웅크리곤 했어요. 하지만 이제는 똑바로 설 수 있어요. 이것이 바로 나의 자신감과 자제력을 보여 주는 방법이랍니다."

그렇다. 우리 어머니들 역시 언제나 똑바른 자세로 서라고 늘 말씀해 오시지 않았던가! 구부정한 자세는 단정하지 못한 인상을 주며 의욕이 없어 보이게 만든다. 좋지 못한 자세로 고개를 숙이고 있는 사람들은 자신감이 결여되어 보이거나 패배자 같은 인상을 풍긴다. 사기꾼들도 천천히 혹은 맥없이 걷는 사람들을 쉬운 먹잇감으로 점찍는다고 한다. 똑바로 서면 더 넓어진 시야와 함께 충만한 자신감을 느낄 수 있다.

오늘날, 우리 사회는 분별력 있고 명확하며 합리적으로 생각하는 사람을 선호한다. 당신의 바른 자세가 그런 분위기를 만들어낸다. 또한 똑바로 섰을 때, 다른 사람의 눈을 들여다보며 시선을 맞추기가 훨씬 수월해진다.

엉덩이에 힘을 주고 어깨를 쭉 편 자세로 서라. 옆으로 몸을 흔들거나 들썩거리지 말라. 발목을 꼬는 자세도 피하라. 그런 자세는 균형을 잃기가 쉽다. 등을 똑바로 펴고 서서 상대방을 정면으로 진솔하게 바라보라.

당신의 버릇은 좋지 않은 이유로
관심을 끌 수 있다

자신의 몸짓을 컨트롤하려고 노력해라.

그래야만 침착하고 느긋한 전문인으로 보일 수 있다.

회의 시간에 줄리는 하품을 하며 시계를 흘끔거린다. 마이크는 주머니 속의 열쇠를 만지작거리며 발을 떨어댄다. 줄리와 마이크는 자신들의 작은 몸짓이 눈에 띌 리 없다고 생각하는 모양이지만, 이미 다른 사람들이 다 알아차린 지 오래다.

누구나 때때로 피곤함과 지루함을 느낄 수 있다. 생각이 다른 곳으로 흐르는 경우도 있다.

하지만 그러한 태도들이 어떤 메시지를 전달하는지를 미처 깨닫지 못한다. 손톱을 물어뜯거나 머리카락을 만지작거리며 몸의 여기저기를 긁적거린다. 또한 클립으로 손장난을 치거나 볼펜을 찰칵거리기도 한다.

어떤 만남에서 당신이 껌을 씹거나 담배를 피운다거나 사탕을 물고 있다면, 당신에게서 전문가다운 이미지가 발산될

리 없다. 자신의 보디랭귀지를 컨트롤하려 노력해야만, 침착
하고 느긋한 전문인의 모습으로 보일 수 있다.

줄리와 마이크는 피곤하고 지루하다는 메시지를 전달함으
로써 자신의 이미지를 망가뜨렸다. 그런 버릇들은 의식적으
로 자제할 필요가 있다. 당신이 주변 사람들에게 어떤 메시지
를 보내고 있는지 한번 생각해 보라. 자신을 점검하고 산만한
버릇들을 통제한다면 차분하고 유능한 모습을 보일 수 있을
것이다. 믿을 만한 친구에게 당신의 불안정한 버릇들에 대하
여 물어보는 것도 좋은 방법이다.

황금 규칙

당신의 보디랭귀지는 당신이 하는 말보다 더 큰 소리로 말하고 있다.

2
Chapter

최상의
나를 보여라

내가 원하는 나로 당당하게

당신이 하는 일에 최선을 다하라. 그럼 당신의 행동에
자신감이 반영되고, 상대는 자연스럽게 당신을 존중할 것이다.

한 유명 인사가 고급 레스토랑에 갔다. 그는 종업원에게 그 날의 특별 서비스인 버터를 더 달라고 부탁했다. 그렇지만 종업원은 "죄송합니다. 고객 한 분당 버터 한 조각밖에 드릴 수가 없습니다."라고 대답할 뿐이었다.

그 유명 인사는 분개하며 다그쳤다.

"내가 누군지 모르나?"

"모르겠습니다. 누구십니까?"

그 유명 인사는 자신이 했던 놀라운 일들을 무지한 종업원에게 하나하나 설명했다. 그리고 다시 한번 말했다.

"이제 버터를 더 가져다 줄 수 있겠지?"

"죄송합니다만 그럴 수 없습니다."

종업원이 그 유명 인사에게 물었다.

"당신은 제가 누군지 아십니까?"

"모르겠는데…… 당신은 누구요?"

"전 버터 담당자입니다."

이 이야기는 당신의 이미지가 다른 사람들이 어떻게 인식하느냐에 따라서 얼마든지 달라질 수 있다는 것을 보여 준다. 당신이 자신을 드러내는 방법에 따라 사람들의 인식은 180도로 변한다.

비록 당신이 무지한 '버터 담당자'일지라도, 자신이 하는 일에 최선을 다하라. 그럼 당신의 행동에 자신감이 반영되고, 상대는 자연스럽게 당신을 존중할 것이다.

멈추지 말고 자신을 세일즈하라

자신을 파는 능력이 성공과 실패를 좌우한다.

우리의 부모님이나 조부모님 세대에는 평생의 대부분을 한 직장에 종사하다가 '당당한 퇴직금'을 받고 은퇴할 수 있었다. 하지만 지금 그런 이야기는 먼 옛날의 이야기가 되었을 뿐이다. 앞으로는 한 사람이 여러 가지 다양한 직업을 가져야 할 가능성이 크다. 살아가는 동안 몇 번씩 회사를 바꾸거나, 심지어 업종 자체를 바꿔야 하는 경우도 있다.

이것은 우리가 새로운 회사와 고객들에게 우리 자신을 끊임없이 팔아야 한다는 의미이다.

'자신을 파는' 것이 절대로 해서는 안 될 행동이라고 생각하는가? 그렇다면 다시 한번 생각해 보라. 우리는 자신이 깨닫지 못하는 사이에 자신의 아이디어와 능력을 팔고 있다. 선생님은 학생들에게 지식을 판다. 순진하게만 보이는 어린 아이들도 원하는 것을 얻기 위해 부모를 파는 방법을 일찌감치 터득한다. 당신 또한 이런 방법을 자연스럽게 익히고 있을 것이다.

자신을 파는 능력이 성공과 실패를 판가름한다. 우리는 전문적인 기술과 지식 그리고 총명함을 밖으로 드러내야 한다. 세상이 우리의 전문성과 일에 대한 열정, 개인적이거나 직업적인 관심을 알 수 있게 노력해야 한다.

....

신입사원을 선발하는 사람으로서 나는 후보자들에게 전문가적인 능력과 함께 직업인으로서의 에티켓을 기대한다. 우리 회사는 최고의 인력을 뽑을 수 있는 특권이 있다. 하지만 그중에서도 다른 사람들과 구별되는 능력을 지닌 사람들이 있다. 바로 물러섬이 없으며 꾸미지 않은 힘의 감각을 지닌 사람들이다.

_ 안드레 브루더러(SB 퍼스널 부사장)

결정의 공식 85 : 15

사람들은 감정을 근거로 결정을 내린다.
사람들이 당신에게 감정적으로 연결되게 하라.

당신은 물건을 살 때 어떻게 결정하는가? 소비자들의 사용 후기를 찾아보거나 가게 점원에게 자세히 물어보고?

사려는 물건이 아주 값비싼 물건이라면 그럴지도 모른다. 하지만 결정의 가장 커다란 부분을 차지하는 것은 당신의 기호 또는 취향일 것이다. 대부분 사람들이 자동차와 같이 중요한 물건을 구입할 때에도 자동차의 성능이나 안전도보다는 색상과 스타일을 기준으로 선택한다. 물론 여러 통계 수치와 다양한 정보들을 조사하기도 한다. 하지만 마지막 결정은 결국 논리보다 감정에 치우치는 것이다.

사실 통계적으로도 우리의 결정은 85%의 감정과 15%의 논리에 바탕을 두고 있다고 밝혀진 바 있다. 그 후에 자신의 결정이 타당함을 뒷받침하기 위해서 통계치를 빌리는 것이다.

과연 이 85 : 15 공식을 어떻게 활용하면 좋을까?

그렇다. 훌륭한 첫인상은 감정적인 반응이다. 물론 당신의 직업적인 기술이 탁월해야 할 필요성도 있다. 그러나 긍정적인 첫인상으로 상대로부터 당신에 대한 믿음과 호감을 이끌어낸다면 당신은 기대했던 것 이상의 성과를 거둘 수 있다.

반대로 인간관계의 기술을 소홀히 한다면 당신이 바라는 고객이나 계약, 직업을 얻어내는 데 필요한 감정적인 인맥을 만들기가 어려울 것이다.

명심하라. 사람들은 감정을 근거로 결정을 내린다. 그들이 당신에게 감정적으로 연결되도록 하라.

....

세 사람이 있다. 그들은 모두 '자신감'과 '침착성'이라는 자질을 지녔으며 상대의 말에 귀를 기울이고, 주의 깊게 상대의 눈을 들여다보았다. 그리고 그 말이 끝나면 침착하고 자신감 있는 어조로 자신이 아는 지혜를 이야기했다.

_ 샌디 톰슨(엑셀 커뮤니케이션즈 지점장)

12초 해법

새로운 사람을 만나고 나면, 나는 특별한 방법으로
그들에 대해서 계속 생각한다. 그들의 직업이 아닌 그 모습 자체로
나의 영혼까지 스며들어 왔는지를…….

_ 안드레 스트롬(랭커트, 라이브 웰 인터내셔널 대표)

'12초 해법'은 소매점에서 사용되는 개념이다.

'판매원은 12초 안에 그 상품의 디자인과 포장, 놓인 위치로 구매자의 관심을 사로잡는다.'

이것이 바로 12초 해법이다.

우리에게도 이런 방식이 적용된다. 강한 첫인상을 만드는데 당신에게 부여되는 시간은 단지 몇 초뿐일 수도 있다. 그 짧은 시간 안에 모든 것이 결정된다. 당신의 외모와 행동과 언어는 거의 즉각적으로 전달된다. 그때 당신의 자신감과 전문성이 반영되어야 한다. 우리는 누구나 자신에 대한 내면적인 상像을 가지고 있다. 수년에 걸쳐서 지나치게 자기비판만 해온 사람, 너무나 겸손해 초라해 보이기까지 하는 사람이 과연 직업 세계에서 어떻게 비춰지겠는가?

직업 세계에서 성공하는 데 가장 중요한 요소는 자신감이다. 자신감 있는 태도로 처음 12초를 활용하여 기회의 문을 열어라. 그러면 당신의 능력을 보여줄 또 다른 만남이 연결되고 사람들은 당신과 사업 관계를 맺고자 할 것이다.

이렇게 되기 위해서, 무리하게 자신을 바꿀 필요는 없다. 당신 최상의 모습으로 사람들 앞에 나서기만 하면 된다. 성공한 사람들은 항상 당당하며 상대의 시선을 두려워하지 않는다. 당신도 똑같이 행동하라. 당신의 가장 특별한 능력, 중요한 특징에 초점을 맞추어라. 그리고 이 책에 수록된 기술들을 연습하라. 연습을 거듭하면 이 새로운 기술들은 제2의 천성으로 바뀌게 된다. 당신은 자신감으로 가득 차게 될 것이다.

그럼 당신도 남부럽지 않은 좋은 첫인상을 만드는 길에 사뿐히 올라설 수 있을 것이다.

황금 규칙

원하는 대로 행동하라. 그러면 그대로 이루어질 것이다.

3 Chapter

친근하게
다가서는 방법

악수 - 가장 중요한 사업적 이미지

먼저 손을 내밀어서 상대에게 강한 첫인상을 심어라.
사업에서는 감정적 우위를 차지하는 것이 중요하다.

다이앤과 닉은 계약 건을 상의하기 위해 거래처 부장을 기다리고 있다. 부장이 들어섰을 때 닉은 일어나서 악수를 청했지만 다이앤은 그대로 앉아 있었다.

회의가 진행되는 동안, 그 부장은 다이앤보다 닉에게 더 자주 의견을 물어본다. 다이앤도 의견을 제시하려 노력하지만 어쩐지 부장이 자신의 말을 진심으로 경청하는 것 같지 않다. 왜 그럴까?

먼저 손을 내미는 것으로 강한 첫인상을 심어라. 사업에서는 감정적 우위를 차지하는 것이 중요하다. 때문에 먼저 손을 내미는 사람이 유리하다. 이것은 남자뿐만 아니라 여자도 마찬가지이다. 악수를 청하기에 적당한 상황들을 알아보자.

• 당신이 누군가에게 소개를 받을 때

- 누군가와 작별 인사를 할 때

- 만남의 처음과 마지막에

- 기타 적절한 사업적인 상황에서

   간혹 문화적인 이유로 악수를 불편하게 여기는 사람들도 있다. 그런 경우에는 미소와 고개를 끄덕이는 행동으로 악수를 대신하라. 중요한 것은 형식이 아니라 내용이다. 어떤 경우라도 당신이 상대방을 중요하게 여기고 있다는 것을 보여주어야 한다.

황금 규칙

**당신이 거래하는 사람에게(남자든 여자든 상관없이)
당신의 손을 내밀어라.**

매력적으로 악수하는 방법

굳센 악수가 당신의 자신감과 힘, 그리고 권위를 보여 준다.

"그만!"이라고 소리 지르고 싶을 만큼 힘껏 손을 잡고 흔드는 사람과 악수해 본 적이 있는가? 또는 당신의 손가락만 살짝 잡아 흔드는 사람과 악수해 본 적은?

우리는 다양한 악수를 경험한다. 그중 어떤 것은 좋은 기억으로 남기도 하지만 안 좋은 이유로 기억되는 경우도 종종 있다.

매력적인 악수를 하는 것은 그다지 어려운 일이 아니다. 그러나 그에 비해 그 보상은 대단히 크다. 굳센 악수가 당신의 자신감과 힘, 그리고 권위를 보여 준다. 신뢰를 쌓고 상대에 대한 존경을 보이는 데 악수만큼 효과가 있는 것은 없다. 악수의 힘을 이용하라. 사람과의 만남에서 악수는 첫 번째 과정이며 사업상 유일한 신체적 접촉이기도 하다. 그것이 첫인상의 시작이다.

훌륭한 첫인상을 만들자!

기억에 남을 만한 악수를 하는 방법은 다음과 같다.

- 손바닥을 위나 아래로 하지 말고 곧장 손을 내밀어라.
- 상대방의 손을 힘차게 잡아라. 엄지손가락과 집게손가락 사이의 공간이 상대방과 맞붙어야 한다.
- 한번이나 두 번 절도 있게 흔든 다음에 손을 풀어라. 위아래로 지나치게 흔들지 말라.

긍정적인 감정을 불러일으키는 인사법

새로운 사람을 만날 때 상냥하게 인사하라.
그 사람에게 시선을 맞추고 미소 지으며 다가가라.

누군가와의 첫 대면에서 그 즉시 상대가 좋아졌다거나 싫어진 경험이 있을 것이다. 인사하는 방식의 사소한 차이로 인해 우리는 첫눈에 이런 감정들을 느끼게 된다.

한 모임에서 리처드는 톰이 테이블에 앉는 것을 보며 손을 내밀고 자기소개를 했다.

"안녕하십니까, 전 리처드라고 합니다. 이렇게 만나게 되어 반갑습니다."

"네, 저도 반갑습니다."

그런데 톰은 이렇게 대꾸하며 그대로 자리에 앉아 있는 것이었다. 그로 인해 리처드는 악수를 하기 위해 몸을 쭉 내밀어야만 했다. 그것이 리처드의 균형을 잃게 했을 뿐 아니라 사업적 관계의 균형도 다소 흔들어 놓았다.

그 후에, 리처드는 다른 테이블에 앉은 조에게 인사를 한다. 리처드가 자신을 소개할 때, 조는 미소 지으며 일어나 리처드의 눈을 바라본다. 그리고 "만나서 반갑습니다."라고 말한다. 두말할 필요 없이 그들의 관계는 부드럽게 출발한다.

새로운 사람을 만날 때 상냥하게 인사하라. 그 사람에게 시선을 맞추고 미소 지으며 다가가라. 앉아 있었다면 시선을 비슷한 수준으로 맞출 수 있도록 일어서라. 그리고 "만나서 반갑습니다."와 같은 말로 자신을 소개하라. 그럼 대개의 경우 상대방도 진심을 담아 "만나서 반갑습니다."라는 인사를 건넬 것이다.

매끄러운 자기소개가 대화의 장을 연다

당신의 매끄러운 자기소개는 첫 만남에서
흥미로운 대화를 이끌어 낼 수 있는 열쇠이다.

당신이 누군가에게 소개받는 상황을 상상해 보자.

이 경우 각자 자신의 이름만 밝힌다면, 만나서 반갑다고 악수한 후에는 더 이상 할 말이 없을 것이다. 그렇지 않아도 어색한 만남인데 다음에 할 말을 생각하려 애쓰느라 상황은 더 딱딱하게 굳어진다.

하지만 명확하고 흥미로운 자기소개 방법을 미리 고안해 둔다면 그런 자리를 더 부드럽게 만들 수 있다.

어색해 보이지 않도록, 익숙해질 때까지 거울 앞에서 자기소개를 연습해 두는 것이 좋다. 자신에 대한 정보를 제공함으로써 대화가 시작될 수 있도록 하자.

다음의 예를 참조하자.

"안녕하세요. 전 캐롤 존스입니다. ABC사에서 회계사로 일하고 있지요. 고객들의 자금 관리를 도와주고 있습니다."

"안녕하세요. 전 톰 마틴입니다. XYZ사에 다니고 있는데,

중소기업에 유용하게 쓰이는 컴퓨터 소프트웨어를 제작합니다."

이렇게 대화를 시작한다면 톰은 캐롤에게 ABC사나 회계 분야, 자금 관리에 대해서 질문할 수 있다. 또한 캐롤은 톰에게 XYZ회사나 그가 제작하는 소프트웨어의 종류, 중소기업에 그것이 어떻게 사용되는지 물어볼 수 있다. 당신의 매끄러운 자기소개는 첫 만남에서 흥미로운 대화를 이끌어낼 수 있는 열쇠이다.

다른 사람을 소개할 때 필요한 규칙

공적인 미팅이나 모임에서는 언제나 성별보다 직급이

더 중요하다는 규칙을 기억해라

회사 칵테일파티에서 여자 동료와 대화를 나누고 있던 당신, 그때 당신의 고객이 다가오고 있다. 이 경우 고객과 동료 중 누구를 먼저 소개시켜야 할까? 또 사장님이 다가올 때는 어떻게 해야 할까?

공적인 미팅이나 모임에서는 언제나 성별보다 직급이 더 중요하다는 규칙을 기억하라. 먼저 직급이 높거나 중요도가 높은 사람을 배려해야 한다.

예를 들어, "스티브 존스(당신의 고객), 이쪽은 나의 동료 제인 화이트입니다."와 같은 식으로 말이다. 당신의 회사 동료보다 고객이 더 중요한 것은 두말할 필요도 없다.

또 사장님이 다가왔을 경우에도, "스미스 씨, 이쪽은 저와 같은 사무실에서 일하는 제인 화이트입니다."라고 윗사람의 이름을 먼저 언급하고 아랫사람을 인사시켜야 한다.

누가 더 중요한지 판단하기 힘든 경우라면, 전통적인 방식에 따라 나이가 더 많은 사람이나 여성의 이름을 먼저 말해라.

예를 들어 40대의 스티브와 30대의 빌이 있다면, "스티브, 이쪽은 빌입니다."라고 나이 많은 사람에게 먼저 젊은 사람을 인사시켜야 한다. 남자인 스티브와 여자인 제인이 있다면, "제인, 이쪽은 스티브입니다."와 같은 식으로 소개하는 것이 예의에 맞는 방법이다.

소개할 때 사람들을 쳐다보아야 한다는 것도 잊지 말라. 먼저 높은 직급의 사람을 쳐다보고, 그다음에 당신이 소개하는 사람을 쳐다보라.

황금 규칙

사업상의 소개를 할 때는 직급이 높은 사람의 이름부터 불러야 한다. 또한 사업적인 관계에서는 언제나 고객이 가장 중요한 사람임을 잊지 말라.

당신이 사용해야 하는 가장 중요한 단어

나는 꾸준히 준비할 것이다.
그리고 언젠가 나에게 기회가 찾아올 것이다 .

_ 에이브러햄 링컨

제시카의 커피숍에는 매일 아침 손님들의 행렬이 끊이질 않는다. 그들은 사무실에 출근하기 전에 제시카의 가게에서 커피를 사 마시려고 끈기 있게 기다린다.

물론 그 집의 커피 맛이 좋기는 하지만 그렇다고 옆집 커피 맛보다 월등하게 나은 것은 아니다. 그런데도 그 가게에 손님이 많은 이유는 도대체 무엇일까?

그 해답은 제시카가 일일이 손님들의 이름을 부르며 맞이한다는 데 있다. 그녀는 크림이나 설탕을 누가 얼마만큼 넣는지, 누가 카푸치노를 좋아하고 카페오레를 좋아하는지 거의 전부 기억하고 있다. 제시카는 고객들에게 특별한 느낌을 불어넣어 준다.

누군가가 자신의 이름을 기억해 주면 그 사람에게 자신은 특별한 존재라는, 적어도 그냥 스쳐 지나가는 사람은 아니라는 느낌을 받는다. 또한 감정은 동화되는 것이다. 나 역시도 그 사람을 비중 있게 생각하게 되는 것이다.

사업상으로 소개받을 때, 그 사람에게 정신을 집중해서 그의 호칭이나 이름을 반복해서 말하라.

예를 들면 "만나서 반갑습니다, 화이트 양.(―씨, ―부장님, ―실장님 등)" 같은 식으로 말이다. 상대방이 편하게 이름을 불러달라고 요구하기 전까지는 예의 바른 호칭을 사용하라. 당신이 먼저 이름을 불러도 되느냐고 물어보지는 말라. 때가 되면 상대방이 당신에게 알려줄 것이다.

──── 황금 규칙 ────

그 사람의 이름이나 호칭을 사용하여 당신이 상대방을
특별하게 생각하고 있음을 보여라.

상대방의 이름을 흘려듣지 말라

누군가의 입에서 흘러나오는 자신의 이름을 듣는 것처럼
달콤한 소리는 없다.

_ 윌리엄 셰익스피어

처음 상대방의 이름을 듣고 불과 일이 분밖에 지나지 않았
는데도, 정신이 멍해지면서 도저히 그 이름을 기억해낼 수가
없었던 경험이 있을 것이다. 처음 소개받을 당시 너무 긴장해
있던 탓에 이런 일들이 발생하곤 한다. 자기 자신과 자신이 주
는 인상에 대해서만 온통 정신을 집중시켰기 때문이다.

상대방에게 초점을 맞춰야 소개받는 이의 이름을 잘 기억
할 수 있다. 그 이름을 듣자마자 입으로 반복한다거나 종이에
적어 보라. 또한 바로 그 이름을 사용하는 것도 좋은 방법이
다. "만나서 반갑습니다, 아담스 씨."와 같은 방법으로 대화하
는 중에 세 번 정도 그 이름을 반복한다면 대부분 기억할 수
있을 것이다.

반대로, 다른 사람에게 당신의 이름을 기억하게 하기 위해
서는 천천히, 그리고 분명하게 말하는 것이 좋다. 당신은 자

퍼스트 임프레션

신의 이름을 알고 있기 때문에 재빠르게 말해버릴지도 모른다. 그렇지만 상대방은 제대로 알아듣지 못한다. 자신을 소개할 때 한 박자 쉰 후에 당신의 이름을 말하라.

"안녕하세요, 저의 이름은 (잠깐 쉬고) 캐롤 존스입니다."

그 소개에 미소를 더하는 것을 잊지 말아라. 당신과 만나게 된 것이 행복하다는 표정을 보여 주어라.

만일 당신의 이름이 특이하거나 발음하기 어렵다면, 한 자 한 자 또박또박 불러 주거나 종이에 적어서 보여 주는 것도 좋은 방법이다. 미소 지으며 "이름이 좀 어렵습니다."라고 말할 수도 있을 것이다. 하지만 그것을 큰 문제로 삼지는 말라.

상대방이 당신의 이름을
기억하지 못할 때는 어떻게 할까

상대방이 당신의 이름을 기억하지 못할 때. 재빨리 그 어색한
상황에서 그를 구출해 주어야 한다. 손을 내밀고 미소 지으며
당신의 이름을 말하라.

한동안 만나지 못했던 사람에게 당신이 인사를 건넨다.

"안녕하세요, 제프리. 그동안 어떻게 지내셨습니까?"

제프리가 당황스러운 표정으로 당신을 바라본다. 당신의
이름을 잊어버린 것이다. 상대방이 당신의 이름을 기억하지
못할 때, 재빨리 그 어색한 상황에서 그를 구출해 주어야 한
다. 손을 내밀고 미소 지으며 당신의 이름을 말하라.

"안녕하세요, 난 줄리 스미스에요. 몇 달 전에 만난 적이 있
지요."

꼭 당신의 이름을 기억해야 한다는 식으로 행동하지 말라.

"내 이름을 잊어버렸나요?"라고 묻지도 말라. 상대방을 민
망하게 만들 뿐이다.

반대의 경우 당신이 상대방의 이름을 잊어버렸다고 해도 그걸 심각하게 문제화할 필요는 없다. 그건 누구에게나 일어날 수 있는 일이다.

"미안합니다, 당신의 이름이 언뜻 생각나질 않는군요. 다시 한번 말씀해 주시겠어요?"라고 간단히 물어보면 된다. 그 사람과 만났던 상황이 기억난다면, "지난 4월에 기술 박람회에서 만났던 분이지요? 그런데 당신의 이름이 떠오르질 않는군요."라고 말할 수도 있을 것이다. 그 사람의 이름이 정확히 기억나지 않는데 마치 다 기억난다는 듯이 행동하며 틀린 이름으로 부르지 말라. 그것은 상황을 더 악화시킬 뿐이다. 또한 대부분 사람은 공적인 자리에서 애칭이나 줄인 이름, 정확하지 않은 직급으로 불리는 것 싫어한다. 자신이 재대로 기억하고 있는지 의심스럽다면 솔직히 물어보는 게 현명한 선택이다.

....

내가 멕시코에서 살 때에는 주위 사람들 모두 스페인식 이름이었다. 그래서 다양한 언어를 사용하고 있는 캐나다에 갔을 때 익숙지 않은 이름들 때문에 고생해야 했다. 그때마다 나는 그들의 이름을 다시 말해 달라고 부탁했으며 어떨 때는 스펠링을 불러 달라고까지 했다. 또한 내가 정확하게 이름을 말하는 것인지 항상 확인하려 했다. 그럴 때마다 사람들은 그들의 정확한 이름을 알고자 하는 나의 노력을 고마워했다.

알바로 트루에바

당신이 처음 하는 말이 가장 중요하다

성공적인 모습보다 더 성공적인 것은 없다.

_ 크리스토퍼 라슈

캐트린은 면접을 보기 위해 대기 중이다. 잠시 후, 면접장에 들어선 그녀는 손을 내밀며 인사한다.

"저를 만나 주셔서 감사합니다, 윌리엄 씨."

그 한마디로 윌리엄은 그녀에게서 좋은 인상을 받게 되고, 면접은 부드럽고 우호적인 분위기에서 진행된다.

짧은 감사의 말이나 칭찬을 이용해 쉽고 효과적으로 대화를 시작할 수 있다. 처음 사람을 만날 때, 당신이 말하는 첫 문장에 만나 준 것에 대한 고마움을 표시하라. 사소한 말이라도 따뜻하게 건네는 당신의 태도에 상대는 무의식적으로 좋은 인상을 받는다. 가능하다면 첫 문장에 상대의 이름을 포함시켜라.

• 만나뵙게 돼서 기쁩니다, 그린 양.

- 오늘 시간을 내주셔서 감사합니다. 스미스 씨.
- 다시 만나서 반갑습니다. 앨리슨.

상대방의 사무실에서 만났다면, 잠깐 그곳의 특징이나 위치에 대해서 칭찬을 건네는 것도 좋은 방법이다. 예를 들어, '시내 풍경이 잘 보이는군요.', '위치가 아주 좋습니다. 시내의 심장부에 있군요.' 등의 가벼운 칭찬이 분위기를 부드럽게 한다.

하지만 너무 친근한 척하지 않도록 조심해야 한다. 또한 되도록 개인적인 외모나 행동, 혹은 그 장소에 있는 다른 사람에 대한 이야기는 피하는 것이 좋다.

적당한 거리를 두고 대화하는 방법

상대방과 적당한 거리를 유지해라.

당신은 더욱 전문적이고 세련돼 보인다.

회의가 끝난 후 토니와 프레드가 함께 이야기를 나누고 있다. 토니가 적극적으로 의견을 말하며 프레드에게 한발 다가가자 불편해진 프레드는 뒤쪽으로 조금 물러난다. 이렇게 다가서고 물러서는 실랑이 끝에 그들의 위치가 점점 벽 쪽으로 몰아붙여지고 있다.

사람들은 각자 편안하다고 느끼는 신체적인 여유 공간의 정도가 각각 다르다. 그 거리는 문화나 지역, 기타 요인에 따라 더 멀어지거나 더 가까워지기도 한다. 그러나 한 연구조사에 따르면 대체적으로 공적인 대화를 할 때에는 주로 팔을 내뻗을 만한 거리나 세 걸음 정도 떨어진 곳에 자리 잡는 게 서로 적당한 편안함을 준다고 한다.

상대방과의 거리는 우리의 느낌을 전하는 수단이 되기도 한다. 무언가에 화가 나거나 불쾌할 때 우리는 뒤로 물러선다. 그 때문에 당신이 상대방에게서 너무 멀리 떨어져 있으면 상대는 당신이 화가 난 상태라고 오해할 수 있고, 당신을 냉담하고 쌀쌀맞다고 생각하게 된다. 반대로 누군가가 당신에게 너무 가까이 다가올 때, 당신은 불편함을 느끼며 그를 무례하다고 생각할 수도 있다.

상대방과 적당한 거리를 유지해라. 그런 사소한 행동들이 당신을 더욱 전문적이고 세련되어 보이게 한다. 상대방이 뒤쪽으로 물러서는 것을 알아차렸다면, 더 이상 가까이 접근하지 말라. 어쩌면 그들이 불편해하는 공간에 당신이 서 있는 것인지도 모른다.

공적인 세계와 사적인 세계는 다르다

오늘날의 직업 시계에서는 남자와 여자가 아닌 직업인이라는
제3의 성을 따라야 한다.

회의를 마친 메리는 팀장인 로버트와 같이 문으로 향한다.
이 경우 누가 문을 열어야 할까? 남자인 로버트가 열어야 할
까, 아니면 부하 직원인 메리가 열어야 할까?

사적인 상황에서는 남자가 여자를 위해 문을 열어 주는 것
이 당연하게 생각될 수도 있다. 하지만 오늘날의 직업 세계에
는 남녀의 구별이 없다. 남자와 여자를 똑같이 대우하는 만
큼, 당신 역시 남녀 구별 없이 행동하기를 기대한다. 여자라
서, 남자라서가 아니라 동료로서, 회사의 직원으로서의 마인
드를 가져야 한다. 여자이기에 당연히 남자가 힘든 일을 해
줄 거라는 기대는 버려라. 남자도 여자에게 잔심부름을 시키
는 일을 해서는 안 된다.

어떻게 해야 할지 확실치 않으면 상식적으로 행동하라. 누
구든 문에 먼저 도착하는 사람이 열면 된다. 남자가 전통적인

방식대로 문을 열어 줄 수도 있다.

어떤 상황에서든 친절하게 행동하면 된다. 남자든 여자든 성별에 상관없이 상대방의 코트 벗는 일을 도와줄 수 있고, 짐을 든 사람을 위해 기꺼이 문을 열어 줄 수 있다. 또한 회전문이나 엘리베이터에 들어갈 때는 문 가까운 사람이 먼저 들어갈 수 있다.

— 황금 규칙 —

오늘날의 중성적인 직업 세계에서는 남자와 여자는 똑같은 규칙을 따라야 한다.

엘리베이터에서 만난 사람이
당신을 도울 수도 있다

작은 공간 안에서 누굴 만나게 될지는 아무도 알 수 없는 일이다!

'엘리베이터 욕심쟁이'를 만난 적이 있는가? 그들은 엘리베이터가 내려오거나 올라올 때까지 계속해서 버튼을 눌러댄다. 그러다가 엘리베이터가 도착하면 제일 먼저 안으로 뛰어들어가 입구를 가로막고는 버튼 앞에 떡 버티고 서서 다른 사람이 버튼을 누를 수 없게 만든다. 엘리베이터가 각 층에 멈춰 서는 동안 그들은 엘리베이터에서 타고 내리고 사람들을 전혀 배려하지 않는다.

아무도 당신을 모르는 엘리베이터 안에서는 함부로 행동해도 된다고 생각하는가? 하지만 바로 당신 옆에 미래의 상사나 고객, 또는 동료가 서 있을 수도 있다. 엘리베이터는 대중이 함께 사용하는 공간이며, 그곳에서의 만남이 좋거나 나쁜 인상을 남길 수도 있다.

당신이 40층을 올라간다거나 두 층을 내려가는 것에 상관 없이 엘리베이터에서도 꼭 지켜야 할 예절이 있다. 사람이 많이 탄 엘리베이터의 앞쪽에 당신이 서 있다면 다른 사람들에게 몇 층에 가는지 물어보고 대신 버튼을 눌러 줄 수도 있으며, 다른 사람이 들어오고 나갈 수 있도록 옆으로 비켜서야 한다. 또한 다른 사람이 당신에게 편의를 제공했을 때는 '실례합니다', '감사합니다'와 같은 인사를 잊지 말아야 한다.

이 모든 것들은 그리 어렵지 않은 평범한 예절이다. 게다가 작은 공간 안에서 누굴 만나게 될지는 아무도 알 수 없는 일이다.

....

나에게 깊은 인상을 심어준 여성 사업가가 있다. 똑바른 시선과 설득력 있는 미소를 보내며 강하고 따뜻하게 악수를 건넨 그녀에게 나는 자신감 넘치며 솔직한 인상을 전해 받았다.

다이안 르페브르(다이안 르페브르사 대표)

명함은 생각보다 더 중요한 물건이다

직업을 가진 사람이라면 누구나 명함이 있어야 한다.
그곳에 적힌 내용은 당신에 대한 최신 정보여야 한다.

어느 모임에 참석했다가 호감 가는 사람을 만난 당신, 그에게 연락할 방법을 알고 싶다. 물론 그의 이름과 전화번호를 종이나 냅킨에 받아 적을 수도 있을 것이다. 하지만 그보다는 명함을 주고받는 편이 훨씬 깔끔하고 편리하지 않을까?

명함의 역할을 생각해 보라. 거기에는 당신의 이름, 회사명과 직함이 적혀 있다.

또한 당신에게 연락할 수 있는 대략 다섯 가지의 방법이 포함되어 있다. 당신의 주소와 전화번호를 비롯해 팩스 번호, 이메일 주소, 핸드폰 번호에 이르기까지.

직업을 지닌 사람이라면 누구나 명함이 있어야 한다. 그곳에 적힌 내용은 당신에 대한 최신 정보여야 한다. 또한 읽기 쉬워야 하며, 당신의 이름이 분명하게 인쇄되어 있어야 한다. 명함을 넉넉하게 가지고 다녀라. 그리고 찢어졌거나 모서리가 구겨져 너덜너덜해진 명함을 건네지 않도록 주의해야 한다.

명함에 기재할 내용이 많을 경우, 알아보기 힘들 정도로 글씨 크기를 줄이는 사람들이 있다. 연세 드신 분들이 돋보기를 꺼내야 할 상황을 만들면 곤란하다. 글씨 크기를 줄이는 대신, 명함의 뒷면을 이용하거나 접이식 명함을 이용하는 다양한 방법을 생각해 보자.

대부분 사람은 명함의 중요성에 대해 깊이 생각하지 않으며, 또한 명함의 질을 높이는 데 투자하고 싶어 하지 않는다. 하지만 거기에 투자한 보상은 매우 크다.

직업 세계의 많은 일들이 소개를 통해서 이루어진다. 훌륭하게 디자인된 명함이 당신의 이미지를 적극적으로 지원해 줄 것이다.

....

내가 받는 명함의 95%가 평범하고 무미건조하다. 명함의 디자인에 좀 더 신중을 기한다면 상위 5% 안에 들어갈 수 있다. 색다른 종이나 특이한 서체를 선택해도 좋고, 별도의 로고를 디자인해도 좋다. 그럼 사람들은 당신의 명함을 간직할 것이고 적당한 때에 당신을 기억할 것이다.

조 디스코

명함은 당신의 전문적인 이미지다.

명함으로 당신의 특색과 당신이 하는 일의 종류를 사람들에게
보여 주어야 한다.

당신의 명함은 어떤 이미지를 전달하는가? 세련미? 독창
성? 신뢰성? 그것이 당신을 특정한 한 사람으로 기억하게 만
드는가, 아니면 많은 사람 중의 한 사람으로 스쳐 지나가게
만드는가?

당신의 명함은 당신의 이미지를 그래픽으로 표현한 상징이
다. 우선 당신이 다른 사람에게 어떤 식으로 인식되고 싶은지
생각해보라. 명함으로 당신의 특색과 당신이 하는 일의 종류
를 사람들에게 보여 주어야 한다.

예를 들어, 변호사나 재정 컨설턴트라면 견고함과 안정성
을 나타내기 위해 대리석처럼 단단한 느낌이 나는 종이를 선
택할 수 있을 것이다. 또한 예술 분야에 종사하는 사람이라면
기발한 색채나 디자인으로 당신을 차별화시킬 수도 있다.

명함은 당신에게 연락 가능한 방법을 비롯한 모든 기본적

인 정보를 제공한다. 하지만 다른 무엇보다 그것이 당신의 부분적인 인상을 형성한다는 점이 더 중요하다. 흥미로운 로고와 디자인이 당신의 이미지를 좋게 한다. 사람들이 계속 간직하고 싶어 할 만한 명함을 만들라.

— 황금 규칙 —

**당신의 명함은 당신의 전문적인 이미지를 대표한다.
다른 사람이 계속 간직할 만한 명함을 만들어라.**

요령 있게 명함을 교환하는 방법

세상이란 한 편의 무대이며, 대부분 사람은 한심할
정도로 연습이 부족하다.

_ 숀 오케이시

어떤 모임에서 자신을 소개하며 마치 풍선껌을 돌리듯 명함을 건네는 사람이 있다. 대부분 사람은 아마도 그 명함을 받아넣으며 품위 없고 격이 떨어지는 행동에 혀를 찰 것이다.

당신의 명함을 가치 있게 사용하라. 명함을 달라고 요청하는 사람, 그리고 그것을 실제로 사용할 것 같은 사람들에게 명함을 건네주어라. 그 이외의 사람들에게 명함을 주어 봤자 당신의 명함은 쓰레기통으로 직행할 뿐이다.

그 자리에 모인 사람 모두에게 명함을 건네는 행위는 억지로 무언가를 팔려는 사람처럼 보이기 때문에 결과적으로 당신의 모습이 초라해질 수밖에 없다.

상대에게 당신의 명함을 강제로 찔러넣지 말라. 연장자에게는 더더욱 조심해야 한다. 연장자가 당신의 명함이 필요하다면 자신이 먼저 달라고 요구할 것이다.

다른 사람의 명함을 받고자 한다면, "명함 한 장 주시겠어요?"라는 말보다 "어떻게 연락드리면 될까요?"라는 말이 낫다. 또한 상대방에게 명함을 건네고 싶다면, "제 명함 여기 있습니다." 대신 "제 명함을 드려도 될까요?"라는 식으로 말하도록 해라.

명함을 받은 후에 무작정 주머니에 집어넣지 말고, 일단 그 명함을 쳐다보라. 로고나 디자인을 칭찬할 수도 있고, 그 사람의 이름을 소리 내어 읽을 수도 있다. 그리고 사무실 위치에 대해서 한마디 건네는 것도 괜찮다.

그런 관심의 표명을 싫어할 사람은 없다.

최상의 이미지를
만드는 방법

멍청해 보이지 않도록 말하라

의식적으로 당신이 하는 말에 정신을 집중하여 어휘의 수준을 높여라

어떤 젊은 구직자가 면접 담당자에게 말했다.

"당신이 영업부장님이신 것 같군요, 그렇죠?"

그 영업부장은 대답했다.

"영업부장 같은 게 아니라, 내가 바로 영업부장이오."

당신의 평소에 어떤 식으로 말하고 있는가? 혹시 쇼핑몰에서 헤매고 다니는 중·고등학생처럼 말하고 있지는 않은가? 무의식적으로 '— 것 같다', '아마 —', '그게 말이야, —' 등의 때우기식 단어를 빈번하게 사용하는가?

애매한 언어나 비속어 사용은 당신의 전문가다운 이미지를 훼손하고 우유부단하며 확신 없는 사람으로 보이게 한다. "네" 대신 "아, 네에." "누구누구 씨" 대신 "그 머리 긴 사람" 같은 흐리멍덩한 언어도 마찬가지이다.

의식적으로 당신이 하는 말에 정신을 집중하여 어휘의 수준을 높여라. 당신이 얼마나 많은 자격증을 지녔든, 어떤 능

력이 있으며 어떤 옷차림을 했든 간에, 격식에 맞지 않은 말투는 당신의 신뢰성을 떨어뜨린다.

친구나 주변 사람 등에게 평소 자신이 쓰는 언어습관을 객관적으로 평가해 달라고 해 보자. 서로 협력해서 비전문가적이고 애매한 언어습관을 수정해라.

당황함이 아닌 자신감을 보일 수 있도록 정리하라

공적인 약속이나 면접, 회의 시간 전에 몇 분 정도
준비할 시간을 가지고 서류나 이력서를 정리하라.

자넷은 새로운 고객과 만나기로 한 장소에 뛰어 들어간다. 머리는 풀어지고, 옷매무새가 흐트러진 상태로 가쁘게 숨을 헐떡인다. 그녀는 잘못 챙긴 서류를 다급하게 찾다가 하마터면 약속 시간에 늦을 뻔했다. 그녀에 대한 고객의 첫인상은 분명 다음과 같을 것이다.

"이 정신없어 보이는 여자가 과연 내 프로젝트를 제대로 해낼 수 있을까?"

공적인 약속이나 면접, 회의 시간 전에 몇 분 정도 준비할 시간을 가지고 서류나 이력서를 정리하라. 또 쉽게 꺼낼 수 있는 장소에 명함을 넣어 두고, 메모를 할 수 있는 펜과 공책도 한번에 찾을 수 있도록 준비하라. 모든 것이 준비되었다는 걸 알면 스스로 여유가 생긴다. 그렇게 하면 다급하게 물건을 찾거나 더듬거리는 상황을 피할 수 있다.

생각도 미리 정리해 두자. 그 만남의 목적과 방향, 자신이 원하는 결과를 확실하게 생각해 두는 것이 효과적이다. 다음 번 회의나 새로운 계약 건, 그리고 특별한 사람과의 만남을 미리미리 계획하라.

그 만남의 이유에 초점을 맞추어 만반의 준비를 해야 한다. 그로 인해 당신은 자신감과 편안함을 느낄 것이고, 그 느낌은 자신도 모르는 사이 당당한 분위기로 배어 나온다. 그러면 당연히 성공할 가능성이 훨씬 커진다.

적절한 타이밍 조절이
당신의 판단력을 보여 준다

떠나야 할 타이밍을 아는 것도 중요하다. 만남을 약속할 때,
대략 어느 정도 시간이 걸릴지 물어보는 것도 좋은 방법이다.

미첼은 성공 여부에 지나치게 집착하는 타입이다. 면접 시
간은 오전 10시이지만, 그는 일찌감치 집을 나서 9시 35분에
도착한다.

미첼이 대기실에서 기다리는 동안, 면접관은 사무실 유리
창으로 흘끔흘끔 그를 내다본다. 미첼이 일찍 와서 계속 기다
리고 있는 걸 보며 그는 짜증스럽게 시계를 확인한다.

약속 시간에 늦게 도착하는 것이 예의에 어긋난다는 사실
은 누구나 알고 있다. 그것은 당신이 다른 사람의 시간보다
자신의 시간을 더 소중히 여긴다는 뜻이다. 하지만 너무 일찍
도착하는 것 또한 예의가 아니라는 걸 아는 사람은 드물다.

직장인들이나 사업가들은 한마디로 시간에 쫓기는 사람들
이다. 마감 시간을 지키려 애쓰기도 하고 약속 시간 사이사이

에 전화기를 붙들어야 한다. 그런데 당신이 너무 일찍 도착하면 상대방은 즉시 당신을 만나야 할 것만 같은 부담감과 초조함을 느끼게 된다. 약속한 시간보다 5분이나 10분쯤 전이 가장 적절한 도착 시간이다.

또한 떠나야 할 타이밍을 아는 것 또한 중요하다. 만남을 약속할 때, 대략 어느 정도 시간이 걸릴지 물어보는 것도 좋은 방법이다. 상대방이 시계를 들여다보거나, 당신에게 시간 내줘서 고맙다고 말할 때, 자리에서 일어나려 할 때, 그 만남을 우아하게 끝내고 자리를 떠나라. 모든 일에는 적절한 타이밍 조절이 필수적이다.

....

면접을 보러 온 신청자 중에, 나에게 온전한 관심을 기울이지 않는 사람들이 있다. 내 질문에 대답하면서도 계속 옆으로 시선을 돌려 사무실의 물건들을 훑어본다. 이것은 대단한 실수이다. 더구나 책상 가까이 의자를 끌어당겨 내가 쓰고 있는 내용을 들여다보려고 하는 사람까지 있다. 면접을 볼 때 당신은 자신을 팔기 위해 노력해야 한다. 당신이 앉는 방법, 시선을 맞추는 태도, 당신의 차림새와 정중함에서 당신의 전문성이 드러난다. 당신의 첫인상은 대단히 중요하다.

소냐 펠리배니언(유텍틱 캐나다사 인사부장)

상대방의 사무실에서
나쁜 인상을 만들지 않는 방법

자신에게만 몰두하는 사람은 아주 허술한 포장지를 두른 것과 같다.

폴은 중요한 계약 건 때문에 컬러한 씨와 약속이 되어 있다. 그의 사무실에 도착해 잠깐 밖의 대기실에서 기다리는 동안, 폴은 추리소설을 꺼내 읽기 시작한다.

10분 후, 폴은 한 쌍의 구두가 자기 앞에 다가와 있는 것을 느끼며 시선을 든다. 컬러한 씨가 그의 앞에 서 있다. 책에 너무 빠져 있었던 폴은 컬러한 씨가 다가오는 것은 전혀 알지 못했다.

폴은 컬러한 씨를 따라 그의 사무실로 들어가서 가장 가까운 의자에 자리 잡고 앉는다. 컬러한 씨가 인상을 찌푸리지만 그의 표정을 보지 못한 폴은 컬러한 씨의 책상에 가방을 올리고 서류를 꺼내 펼쳐놓는다. 그러고 나서 자신이 이야기를 나눌 모든 준비를 다 했다고 여긴 후에야 고개를 들고 컬러한 씨를 쳐다본다.

폴은 삼가야 할 행동들을 미처 알지 못했다. 즉, 사무실 주인이 앉으라고 할 때까지 기다려야 한다는 사실이나 서류나 가방으로 다른 사람의 공간을 침범해서는 안 된다는 것을 너무 늦게 깨달았다. 또한 그는 책상에 커피를 엎지르고 나서야, 긴장해 있을 때는 커피를 사양하는 편이 낫다는 것을 알았으며, 상대방이 권하지 않는 한 그 책상의 사탕이나 껌이나 담배를 건드리지 말아야 한다는 것을 깨달았다.

물론 그의 계약은 성사되지 못했다.

미리 계획한 만남에는 보상이 따른다

어떤 일이든 우리가 얼마나 열의를 가지고 준비하느냐에 따라
그 보상의 정도가 달라진다. 이는 동서고금을 막론한 절대 진리이다.

안드레는 화요일 오전 10시에 면접이 있다. 면접을 앞둔 며
칠 전, 그는 회사에 전화를 걸어서 전화 받는 사람의 이름과
면접시 요구되는 옷차림에 대해서 물어본다. 그리고 자신감
과 여유 있는 태도로 화요일 아침 9시 55분에 도착한다.

안드레는 비서의 이름을 불러 인사하며 자신의 이름을 소
개한다.

"안녕하세요, 샌더스 양, 제 이름은 안드레 삭스입니다. 10
시에 존슨 양과 약속이 되어 있습니다."

존슨 양을 기다리는 동안, 안드레는 테이블에 놓인 회사 홍
보 자료를 읽는다. 그리고 존슨 양이 도착했을 때, 안드레는
일어나서 자신을 소개하며 악수를 나눈다.

면접하는 동안, 안드레는 똑바른 자세로 앉아 존슨 양의 눈
을 쳐다본다. 이미 예상되는 질문과 그에 따른 적절한 대답들
을 연습해 두었기 때문에 절대 당황하지 않는다. 면접이 끝나

고 집으로 돌아간 안드레는 존슨 양에게 시간을 내주셔서 감사하다는 간단한 편지를 보낸다.

일주일 후, 안드레는 원하던 직장을 얻었다. 그의 준비가 보상을 받은 것이다.

어떤 일이든 우리가 얼마나 열의를 가지고 준비하느냐에 따라 그 보상의 정도가 달라진다. 이는 동서와 고금을 막론한 변함없는 절대 진리이다.

두드려라, 그러면 기회의 문이 당신 앞에 열릴 것이다.

당신의 얼굴을 기억하게 만드는 옷차림

자신을 알라. 그 후에 자신을 창조하라.

_ 매리 맥파튼(미국의 패션 디자이너)

30대 초반의 영업부장인 스테파니는 항상 깔끔하게 정돈된 모습이다. 그녀는 유행을 따르지는 않지만, 자신에게 잘 어울리는 옷들을 세련되게 소화해 낸다. 반면에 판매부에 근무하는 보이는 언제나 최신 유행을 따르고 있지만 그녀의 직업에 어울려 보인 적은 단 한번도 없다.

스테파니는 옷차림의 비밀을 잘 터득했다. 즉, 옷 자체에 과도한 시선을 끌어들이기보다 자신을 돋보이게 하는 보조적 수단이 되게 해야 한다는 단순한 진리를 적극 활용하고 있다. 사람들은 제각기 독특한 피부색과 체격, 얼굴 형태를 지닌다. 개인적인 특성과 어울리는 옷을 선택할 때, 비로소 돋보일 수 있다. 신체 구조나 피부색에 맞지 않는 옷은 당신의 매력을 떨어뜨리고, 심지어 초라하게 만든다.

디자인이 잘된 옷은 사람들의 시선을 당신의 얼굴로 이끌어 자연스럽게 시선을 맞출 수 있도록 안내한다. 당신에게 어울리지 않는 옷은 다른 곳으로 시선을 분산시켜 당신의 얼굴보다 당신의 액세서리가 더 눈에 띄게 한다.

이는 당신의 모습이 전체적으로 조화를 이룰 때, 비로소 사람들이 당신 자체를 기억할 수 있으며 당신의 개별적인 옷이나 장신구를 특징으로 기억하지 않는다는 뜻이다.

당신의 장점을 강조해 주는 옷감과 색채와 디자인을 선택하라. 사람들의 시선을 자신 없는 신체적 결점이나 약점으로부터 멀어지게 해라. 다른 사람에게 어울리는 차림이 당신에게도 어울리는 것은 아니다.

....

우리 회사의 경우 고객들과 직접 대면하는 직원들은 항상 고객들에 맞춰서 옷을 입는다. 300대 기업에 드는 회사와 거래를 할 때에는 정장과 넥타이가 우리의 유니폼이다. 첨단 기술 산업의 고객을 대해야 한다면 비즈니스 캐주얼로 차려입는다. 그 외에 앞으로 나설 필요가 없는 직원들은 면직물이나 플란넬 같은 편안한 옷차림으로 근무한다.

이안 블레어(몬트리올의 네스비트 번즈 은행)

색깔이 강력한 메시지를 전달한다

한 연구조사에 의하면, 다른 색의 옷보다 짙은 남색 정장이나 재킷을 입고 면접을 보았을 때 구직에 성공하는 확률이 높다고 한다.

보니는 밝은 오렌지색 셔츠와 바지 차림으로 회의장에 들어선다. 스테파니는 하얀 블라우스와 회색 정장을 갖춰 입고 있다. 어느 쪽의 옷차림이 직업적인 미팅에 더 적당해 보이는가?

당신이 선택하는 색채 역시 하나의 메시지를 전달한다. 베이지색 정장을 입었을 때와 남색 정장을 입었을 때 전해지는 느낌은 전혀 다르다. 짙은 색일수록 더 힘 있어 보이며, 동일한 색조로 통일한 옷차림은 세련돼 보인다. 또한 밝은 색채는 더 편안하고 자연스러운 느낌을 준다.

빨간색은 시선을 끌어당기는 강력한 색이다. 따라서 연설이나 프레젠테이션을 하는 상황에서는 탁월한 효과를 발휘할 수 있다. 하지만 개성보다 팀워크를 살려야 하는 경우에는 그다지 어울리지 않는다.

직업적인 만남에서 더 진지하게 받아들여지고 싶다면 노란색이나 주황색 같은 밝은색을 피하는 것이 좋다. 그러한 색들은 편안한 상황을 위해 아껴둬라.

남색, 회색, 검은색 계통의 옷들이 직업적인 만남에는 더 적당하다. 하지만 만약 이런 색이 당신에게 어울리지 않는다면, 얼굴 가까운 곳에 경쾌한 색의 넥타이 스카프를 착용해라.

변호사나 검사가 재판장에서 남색 계열의 옷을 잘 입는 것도 이 색이 신뢰감을 주고 힘 있어 보이기 때문이다. 이처럼 색깔이 갖는 놀라운 힘을 경험해 보아라. 당신을 더 자신감 있고 더 안정적으로 느끼게 해 주는 색깔은 분명 존재한다.

사소한 것은 절대 사소하지 않다

사소한 기본에 투자해라. 그게 당신을 특별하게 만든다.

마거릿은 오늘 직업적인 만남이 있다. 그녀는 빈틈없어 보이는 정장을 입고, 고급스러운 가죽구두를 신는다. 그러나 그녀가 시간을 확인할 때마다 울긋불긋한 색의 플라스틱 시계가 정장 소매 아래에서 드러난다.

팀은 맞춤 양복과 하얀 셔츠를 입고, 우아한 넥타이를 맸다. 그런데 계약서에 서명할 때 그가 주머니에서 꺼낸 것은 질 낮은 싸구려 볼펜이다.

아주 사소한 것들이 그림을 완성시킨다. 당신이 입거나 소지한 모든 것이 당신의 전체적인 이미지를 만들어내는 것이다. 스포츠 시계나 싸구려 모조 보석류는 공식적인 정장과 어울리지 않는다. 플라스틱 볼펜이나 낡은 서류 가방 또한 이미지를 망친다. 당신의 모습은 일관성 있게 지속적으로 유지될 필요가 있다.

여유가 되는 한도 내에서 질 좋은 가죽가방과 액세서리를 선택하라. 가능하다면 금이나 은, 가죽으로 된 액세서리를 선택하는 것이 좋다. 그리고 우아한 시계와 고급스러운 펜에 투자하라.

당신의 우산과 휴대품도 점검하라. 이음새가 뜯어져 있는지, 수선은 잘 되어 있는지 확인하라. 이런 품목들이 비록 기능성 소품이라 할지라도 여전히 하나의 메시지를 전달하고 있음을 인식하자.

황금 규칙

당신의 사소한 액세서리가 당신의 이미지를 완성시킨다.

최상의 이미지를 만드는 방법 ————————

전통적인 옷차림이
항상 무난한 것은 아니다

당신이 입고 있는 옷차림만으로 당신은 언제나 어떤 종류의
의미를 전달하고 있다. 그것이 유능함이든 무능함이든.

_ 로버트 판테

마이클은 광고 회사에 면접을 보러 간다. 완벽한 모습을
보이고 싶은 그는 남색 정장과 새하얀 셔츠에 보수적인 넥타
이를 맸다. 그러나 마이클은 면접 장소에 도착했을 때에야
비로소 사무실의 모든 사람이 캐주얼 차림이라는 걸 알아차
린다.

마이클은 그 일자리를 얻지 못했다.

어느 곳에나 어울리는 옷차림은 없다. 당신이 입고 있는 것
은 모두 당신의 결정을 드러내며, 그것은 당신과 당신의 직업
에 대하여 말 없는 의미를 전달한다. 따라서 면접장에 부적절
한 옷을 입고 나타난다면 사람들은 당신이 그 회사에 어울릴
지, 그리고 그 분야에 대해서 알고나 있는지를 의심스러워할

것이다.

이제 모든 직업에 전통적인 옷차림이 필요하다는 착각은 금물이다. 비슷한 직종의 사람들에게 옷차림에 대한 조언을 구하라. 회사에 면접을 보러 가기 전에 가능하다면 먼저 한 번 들러 건물 로비에서 분위기를 확인하는 것도 좋은 방법이다.

또 다른 방법으로는 전화로 면접에 대한 질문을 할 때나 처음 원서를 내기 위해 인사과를 방문할 때 옷차림에 대해서 물어보는 것이다. 요즈음은 인터넷을 통한 정보 검색이 많이 발달해 있다. 인터넷도 충분히 활용해라.

면접이라는 가장 중요한 첫 순간, 그제야 비로소 잘못된 옷차림을 알아차리는 일이 없도록 하라. 뒤늦게 "이곳의 정식 복장을 모르겠어. 정말 혼란스러워. 내가 너무 보수적으로(혹은 너무 자유분방하게) 입은 걸까?"라고 말하는 최악의 상황을 만들어서는 안 된다.

나는 지금 어떤 모습이어야 하는가

당신이 소속된 분야와 더불어 당신이 어떤 모습으로
비춰지고 싶은지에 대해서 생각해 보라.

법률 사무소 소속 변호사인 가일은 당당하고 유능한 분위기를 연출하고 싶다. 그래서 항상 정장을 차려입는다. 가일처럼 보수적인 환경에서 일하는 사람이라면 격식을 차린 옷을 입어야 한다. 마찬가지로 은행이나 보험 회사 또한 투자 회사 같은 금융 관련업에 종사하는 사람도 보수적인 모습을 보여야 상대에게 신뢰감을 전달할 수 있다.

판매 분야에서 일하는 마크는 매일 사람들을 만난다. 평소 그는 스포티한 재킷과 바지 차림이지만, 간혹 보수적인 회사를 방문할 때에는 정장과 넥타이 차림을 선택한다. 그는 고객에 맞춰서 자신의 외모를 적절하게 바꿀 줄 안다.

타냐는 공무원이다. 그녀는 주로 일하기 편한 재킷과 바지 차림을 선호한다.

데이터베이스 회사에서 일하는 줄리는 터틀넥 스웨터나 폴로셔츠와 바지 같은 캐주얼한 복장을 자주 입는다. 기술을 더 중시하며 고객과 만날 일이 별로 없는 직업이기 때문이다.

당신이 소속된 분야를 생각하고 스스로 어떤 모습으로 비춰지고 싶은지에 대해서 생각해 보라. 같은 계통에서 일하는 윗사람들을 관찰하고 그들의 옷차림을 살펴보라.

승진 대상이 되고 싶은가? 그렇다면 누구보다 그 자리에 어울리는 모습으로 보여야 할 것이다.

─── 황금 규칙 ───

**당신의 현재 직업이 아니라 바라는 직업에 맞게
옷차림을 갖추어라.**

질 좋은 옷에 투자하라

모든 것을 가능한 한 간단하게 만들어야 한다.

하지만 본질보다 더 간단해져서는 안 된다.

_ 알베르트 아인슈타인

어떻게 해야 항상 최고의 모습으로 보이고 또 최고처럼 느낄 수 있을까? 단 한 문장에 그 비밀이 들어 있다.

"질Quality이 중요하다."

여유 있는 한도 내에서 최고급의 옷을 구입한다면 분명히 그 옷을 입는 당신의 수준도 높아지는 듯한 근사한 기분을 맛보게 될 것이다.

질 좋은 물건을 알아보려면, 옷감을 살펴보라. 100% 모직 정장이 폴리에스테르나 혼방 소재보다 더 오래 가고 착용감도 뛰어나다. 아크릴 혼방보다는 면이나 실크 셔츠가 느낌도 좋고 더 우아해 보인다. 값싼 섬유는 쉽게 구김이 가고 몸에 들러붙기도 하며 초라해 보인다.

질 좋은 옷에 돈을 쓰는 건 낭비가 아니라 하나의 투자이다. 절대 그 투자를 후회하지 않을 것이다. 더 오랫동안 입을 수 있고, 자신을 더욱 품위 있어 보이게 한다는 사실을 비롯해 확실한 투자 가치가 있기 때문이다.

몇 장의 값싼 옷보다 한 벌의 고급스러운 정장이나 재킷에 투자해라. 좋은 옷감으로 만들어진 옷을 입을 때 기분도 더 좋아진다. 그 옷으로 인해 기분이 좋아진다면 자신감 또한 자연스럽게 풍겨 나올 것이다.

조화롭게 보이는 방법

당신의 외모는 내적인 통제력의 표현이다.

당신이 지금 착용하고 있는 액세서리는 전부 몇 개인가? 그 개수를 한번 세어 보라. 개별적인 보석류뿐만 아니라 안경, 허리띠, 구두, 스카프, 넥타이 등도 여기에 포함된다.

조화로운 모습을 보이고 싶다면 심플한 차림새를 유지해야 한다. 깔끔하고 단아한 선을 지닌 단색의 색채(검정, 회색, 흰색 등)를 입는다면 항상 전문적으로 보일 수 있다. 이런 옷들은 캐주얼한 복장과도 잘 어울린다.

조화로운 모습을 해치는 가장 일반적인 문제점 하나가 바로 지나친 장식이다. 만일 팔찌나 반지 같은 장신구를 줄줄이 달고 다녔다면, 이제 그것들을 모두 빼버리고 하나의 장신구만 선택해라. 그리고 거기에 초점을 맞추어라.

여자의 경우, 우아한 귀걸이나 독특한 브로치 하나가 주렁주렁 매단 귀걸이나 수많은 팔찌보다 훨씬 더 세련된 이미지를 어필한다. 남자의 경우 깔끔한 정장에 눈길을 끄는 세련된 디자인의 톡 튀는 넥타이핀이 전문적이면서도 경쾌한 이미지를 나타낼 수 있다. 귀를 여러 군데 뚫었다거나 문신을 새겼다면 조직 내에서 더 높이 올라가는 길이 막혀버릴 수도 있다.

명심할 것은 파티에 가는 게 아니라면 액세서리는 말 그대로 포인트만 줘야 한다는 것이다.

구식을 벗어나는 두 가지 열쇠

당신 스스로 자신이 최고의 모습이라는 걸 느낄 때,
자신감과 안정감이 우러나온다.

존은 커다란 안경을 쓰고 긴 구레나룻을 길렀다. 이는 분명 70~80년대 일반적이었던 스타일이다. 문제는 이제 더 이상 커다란 안경과 구레나룻을 선택하는 사람이 없다는 점이다.

헬렌의 헤어스타일은 고등학교 시절엔 대유행이었다. 하지만 그녀는 이미 10년 전에 고등학교를 졸업했다.

당신의 모습을 시대에 맞추어 가라. 그것은 당신이 시대의 흐름을 알고 있으며 변화에 개방적이라는 것을 보여 준다. 반면, 시대에 맞춰 변하지 않는 것은 현실 인식이 부족함을 드러낸다. 또한 당신의 모습을 구식으로 만들어 버린다. 스타일과 디자인, 색상은 유행에 따라 흘러가는 것이다. 작은 변화하나가 신세대와 구세대를 판가름한다. 유행에 민감할 필요는 없지만 절대 뒤처지지는 말아야 한다.

적어도 유행이 변하면 헤어스타일과 안경 정도는 바꿔 주어야 한다. 그것은 가장 기본적이면서도 눈에 띄는 당신의 액세서리이며, 매일매일 달고 다녀야 하는 것이기 때문이다. 당신이 일하는 분야의 전문가들이 애용하는 가게를 찾아가거나, 영업자들의 충고를 들어 보라.

유행에 둔한 사람이라면 이미지 컨설턴트를 활용해 보는 것도 좋은 방법이다. 여기에 투자할 가치는 분명히 있다. 당신 스스로가 자신이 최고의 모습이라는 것을 느낄 때, 자신감과 안정감이 우러나올 수 있기 때문이다.

───── 황금 규칙 ─────

시대에 뒤떨어지지 않는 스타일로 전문적인 이미지를 발산하라.

격식을 갖춘 모습이 힘과 권위를 부여한다

옷은 사람을 만들지 않는다. 하지만 그 사람을 특징짓는다.

_ 로즈 마리 스미스

힘과 권위, 더 나아가 카리스마를 발산하고 싶은가? 그 방법은 간단하다. 먼저 주위에서 가장 잘나가는 상사나 윗사람을 두세 명 찾아 그들을 잘 관찰해 보라. 무엇이 그들을 그토록 매력적으로 보이게 하는가? 당신도 그들처럼 행동할 수 있다.

• 한 벌로 이루어진 정장이 힘과 권위를 발산한다. 이는 색조가 다른 바지 혹은 치마와 재킷을 함께 입는 것보다 더 공식적인 분위기를 자아낸다.

• 연한 색보다 짙은 색이 더 높은 권위를 나타낸다. 공식적인 자리에는 남색이나 진회색, 또는 검정색 정장이 가장 좋다. 거기에 하얀색이나 크림색 셔츠를 맞춰 입는다면 더할 나위 없다.

• 안정된 색채의 매끄럽고 무늬 없는 옷감이 전문적인 외모를 돋보이게 한다. 부피가 크고 헐렁한 스타일이나 직물의 조합이 많이 드러

나거나 무늬가 포함된 옷일수록 일반적으로 더 비공식적인 느낌이
난다.

• 심플한 옷차림을 유지하라. 또한 셔츠와 넥타이의 그림이나 문양은
간단한 것으로 선택하라. 색채와 장식의 차이가 적을수록 더 힘 있
어 보인다.

사교적인 분위기를 낼 수 있는 몇 가지 변화

너무 과한 것은 부족함만 못하다.

당신이 만약 사람들과 어울려야 하는 직업을 가지고 있다면 옷차림에서도 누구보다도 전문적이면서도 사교적으로 보이고 싶을 것이다. 그러기 위해서 어떤 옷을 입는 것이 좋을까? 한두 가지 요소에 변화를 줌으로써 상냥하고 사교적인 분위기를 만들어 낼 수 있다.

그 몇 가지 방법을 알아보자.

하지만 '너무 과한 것은 부족함만 못 하다'라는 충고도 명심해야 한다. 여기서 제안하는 방법을 모두 한꺼번에 시도해서는 안 된다. 오히려 평범한 수준으로 전락해 버릴 것이다.

- 색 대조의 변화 : 짙은 색 정장 안에 화사한 색깔의 셔츠나 블라우스를 받쳐 입어라. 하얀 셔츠에 짙은 색 정장을 입는 것보다 부드러워 보인다.
- 색채의 변화 : 짙은 남색의 정장 대신 연한 회색이나 베이지색 정장을 선택하라. 그럼 좀 더 편안하고 부드러워 보인다.

- 따로따로 입어라 : 콤비 재킷에 색이 다른 바지나 치마를 입어라. 한 벌짜리 정장보다 덜 딱딱해 보인다.
- 짜임새나 문양이 있는 옷감 : 트위드 직물이나 무늬 있는 직물의 재 킷이 무거운 단색 재킷보다 다소 느긋해 보인다. 꽃무늬 넥타이나 블라우스가 짙은 색 정장의 효과를 부드럽게 해 준다.
- 형태의 변화(여자의 경우) : 치마보다는 바지가 덜 격식을 차린 듯해 보인다. 정장보다는 원피스, 블라우스보다는 컬러 없는 셔츠가 덜 형식적이다.

캐주얼한 옷차림으로
전문적으로 보이는 방법

직업적이지 않은 느낌과 시선집중 차단 효과를 잘 결합시키기 때문에

나는 비즈니스 캐주얼을 좋아한다.

_ 스콧 애덤스

요즘에는 평상복 차림으로 출근하는 것을 허락하는 직장들이 많다. 당신도 사복 입는 금요일 제도의 도입이나 평상복 차림으로 출근할 수 있게 된 것을 기뻐할지도 모른다. 하지만 과연 그 의미와 적절한 수준을 깨닫고 있는가?

직장인을 소재로 만화를 그리는 스콧 애덤스(《딜버트 Dilbert》의 작가, 미국 직장 풍토를 풍자하는 일간지 연재만화)는 다음과 같이 말한 바 있다.

"직업적이지 않은 느낌과 시선집중 차단 효과를 잘 결합시키기 때문에 나는 비즈니스 캐주얼을 좋아한다."

어떤 직원들은 다른 곳에 있어야 마땅할 것처럼 보인다. 마치 소파에 기대 눕는다거나 밖으로 나가 조깅을 해야 할 것

같은 옷차림이다. 일터로 입고 나오기에 너무하다 싶을 만큼 캐주얼한 복장이 바로 그것이다.

분명한 것은 다른 사람들의 관심이 당신의 몸이 아니라 당신의 전문적인 기술에 쏠려야 한다는 것이다. 극단적인 옷, 이를테면 너무 짧거나, 너무 타이트하거나 너무 노출이 심한 옷들을 입는다면 사람들은 분명 당신의 능력보다 당신의 옷에 더 시선을 보낼 것이다.

• 비즈니스 캐주얼 : 사복이나 자율복장이라는 의미. 딱딱한 느낌의 정장이 아닌 실루엣이 부드러운 정장. 콤비 재킷, 색 있는 셔츠나 폴로 티셔츠 스타일의 면 남방, 랜드로버풍의 편안한 신발, 딱딱한 서류가방이 아닌 어깨에 메는 숄더백이 주된 옷차림이다.

청결한 외모는 이미지의 기본이다

외모로 사람을 판단하지 말라.

하지만 다른 사람들은 당신을 외모로 판단한다.

며칠씩 사무실에서 계속 근무해야 한다거나 오랜 기간 출장을 다녀야 하는 직업에 종사하고 있는가? 그렇다면 깔끔한 옷을 챙기는 일들이 때때로 힘들고 버거울 수 있다. 그러나 자신이 인식하지는 못해도 하루의 업무가 끝날 무렵이면 우리의 몸에서는 그다지 상쾌한 냄새가 나지 않는다. 자신은 은연중 그 냄새에 익숙해져 느끼지 못하지만 다른 사람들은 그 불쾌한 냄새를 모두 알아차린다. 때문에 자신의 외모에 민감하게 신경 써야 한다.

새로운 사람을 만났을 때 가장 거부감이 일어나는 요인을 물어보면, 대부분의 사람이 상대의 더러운 머리와 지저분한 손톱, 땀 냄새, 발 냄새, 입 냄새와 구겨진 옷 등을 꼽는다. 몸단장이 이미지의 강력한 요소라는 점은 두말할 나위가 없다.

기본적인 청결이란 매일의 목욕과 탈취제와 깨끗한 옷을

기본으로 한다. 이것들은 타인에게 당신을 최상으로 보이게 하며, 또한 당신 스스로를 최상으로 느끼게 해 주는 필수 요소들이다. 머리와 이와 손톱은 언제나 깨끗하고 윤기가 흘러야 한다. 향수나 애프터 셰이프 로션을 이용하는 사람이라면 상대에게 불쾌감을 주지 않을 정도로 아주 가볍게 뿌리거나 발라야 한다. 언제나 상쾌한 향기가 나도록 가볍게 뿌리고, 그리고 건강해 보이도록 노력해야 한다.

재빨리 거울을 확인하라

몸단장은 사람들 앞에서가 아니라 혼자서 처리해야 한다.
이 사이의 시금치를 빼내거나 부러진 손톱을 손질해야 한다면
지금 당장, 가장 가까운 화장실로 직행하라.

"코끼리는 물지 않아도 모기들은 문다."라는 옛말이 있다. 이렇듯 미처 생각지도 못했던 작은 것들이 가끔 커다란 문제를 일으키는 경우가 허다하다. 세련된 정장에 실밥이 늘어져 있거나 셔츠에서 단추 하나가 떨어져 나갔을 때, 여태까지 쌓아온 우리의 전문적인 이미지는 한달음에 저만치로 달아나 버린다.

집을 나서서 하루를 보내는 동안 반드시 기억하고 확인해야 할 수칙들을 적어 놓았다.

- 머리가 깔끔하고 단정한가? 혹시 비듬이 보이지는 않는가?
- 식사 후에 음식물 찌꺼기가 이 사이에 끼지는 않았는가? 입에서 상쾌한 냄새가 나는가? 입가에 뭔가 묻지는 않았는가?
- 손톱은 깨끗하게 다듬어져 있는가? 매니큐어가 벗겨졌다거나 손톱

이 부러져 있지는 않은가?

• 화장이 단정하게 유지되어 있는가?

• 얼굴에 면도 크림이 남아 있지는 않는가?

• 단추나 실밥, 솔기가 늘어져 있지는 않은가?

• 스타킹 올이 나간 곳은 없는가?

• 속옷이 빠져나오지는 않았는가?

• 구두가 잘 닦여 있는가?

• 땀을 너무 흘려 불쾌한 냄새가 나지는 않는가?

• 식사 후 옷에 무언가를 흘리지는 않았는가?

이 밖에도 여러 가지가 있을 수 있다. 자기만의 체크 리스트를 만들어라.

사소한 것들은 모두 중요하다

사소한 것이란 없다. 사소한 것들은 모두 중요하다.

언제 어느 때나 멋들어지게 보이는 사람들이 있다. 그들은 언제나 지나치거나 모자람 없이 항상 세련돼 보인다. 게다가 그들의 머리 모양 역시 늘 근사하다.

머리 모양은 당신에게 가장 중요한 패션 액세서리이다. 매일 '착용'하고 다녀야 하는 것이기 때문이다. 우리는 자주 머리 모양으로 어떤 사람을 지칭하곤 한다.

'그 빨간머리' 혹은 '그 금발머리' 혹은 '그 긴 생머리' 등으로 사람을 표현하는 경우가 얼마나 많은가?

헤어스타일이 멋진 사람을 만났다면, 그 사람이 애용하는 미용실을 물어보아라. 당신의 예상보다 비용이 비싸다면, 다른 품목들의 가격과 비교해 보라. 그 비용을 옷값의 일종으로 생각했을 때, 그 비중과 효과 면에서 그리 비싸지 않다는 것을 쉽게 알 수 있을 것이다. 머리를 잘 다듬어 놓으면 매일 아침 시간을 벌 수 있다. 또한 얌전해지지 않는 머리와 씨름할 필요도 없다.

당신의 신발은 사람들이 당신에 대해서 알아차리는 외모의 처음이자 마지막 항목일 수 있다. 생각해 보라. 면접 장소에서 물러날 때, 면접관이 마지막으로 보게 되는 것이 무엇일지를.

바로 당신의 신발 뒤축이다. 그곳을 낡은 채 놔두지 마라. 당신의 신발은 사소한 것에 대한 당신의 관심과 성의를 드러낸다. 발에 관심이 쏠릴 만큼 특이하거나 괴상한 신발을 선택해서도 안 된다. 상대방과 시선을 맞출 수 있도록 당신의 얼굴로 관심을 끌어들여라.

말 그대로 머리에서 발끝까지 신경을 써야 한다.

사업상의 식사
절대 단순한 식사가 아니다

당신의 식사 습관이 성격을 말해 준다

직업상의 점심이나 저녁은 단순한 식사가 아니다.
그것은 고객과 동료를 비롯한 직원들과의 인간관계를 형성하는
중요한 수단이다.

사업적인 만남의 50% 정도는 음식을 사이에 두고 이루어
진다. 직업상의 점심이나 저녁은 단순한 식사가 아니다. 그
것은 고객과 동료를 비롯한 직원들과의 인간관계를 형성하는
중요한 수단이 되고 있다.

어떤 회사는 식사 시간을 면접 과정의 일부로 삼기도 한다.
함께 식사하는 동안 우리는 잠재적인 고객이나 파트너를 알
게 되고, 거래를 하고 심지어 미래까지 결정짓는다.

또한 우리는 사무실의 누군가가 승진하거나 회사를 그만
둘 때에도 함께 모여 식사를 하거나 술을 마신다. 먼발치에서
그냥 지나치기만 했던 사장이나 고위급 간부를 공식적인 식
사 자리에서 대면하게 될 수도 있다.

식사 중에 일어나는 모든 일들을 생각해 보라. 우리는 만나
서 함께 자리를 잡고 앉아 대화를 나누고, 음식을 주문해 다

양한 종류의 음식과 음료를 먹고 마시며, 명함을 교환하고 헤어진다. 그 과정에서 우리는 서로에 대해 많은 것을 짐작할 수 있다.

식사를 같이하는 상대방이 당신에게 권하지도 않고 자기 먼저 빵을 집어 들거나 음식을 먹기 시작한다면, 당신은 그 사람을 무뚝뚝하고 예의 없는 사람이라고 단정 지을지도 모른다. 그렇게 된다면 그다음 일을 할 때 상대에 대해 어떤 느낌이 들지는 뻔하지 않겠는가?

황금 규칙

**사업상 식사하는 이유는 관계를 형성하기 위함이며
그 무대는 음식점이다.**

사업상의 식사를 훌륭하게 시작하는 방법

당신이 대접받고 싶은 대로 상대를 대접해라.

사업상의 식사가 매끄럽게 진행되기를 바란다면 미리 계획을 세워라. 그렇게 해야만 처음부터 끝까지 성공적으로 식사 미팅을 이끌어갈 수 있다.

당신이 초대한 경우라면, 10분 전에 미리 도착해서 손님을 맞아라. 반대로 당신이 초대받은 손님 쪽이라면, 당연히 늦게 와서는 안 되겠지만 그렇다고 일찍 도착하는 것도 결례이다. 정시에 도착해라.

레스토랑의 매니저에게 안내받아 테이블에 도착한 경우, 언제나 손님을 먼저 앉게 하며 항상 상석에 앉혀야 한다. 여기서 상석이란 통로 쪽이 아니며 음식점 안이 보이거나 풍경이 내보이는 창문과 마주한 자리를 말한다. 손님을 벽이 보이는 쪽에 앉히는 것은 예의에 어긋난다.

의자에 앉을 때는 왼쪽으로 들어가고 나올 때는 오른쪽으로 일어나 나온다. 작은 가방은 당신의 무릎이나 의자 밑에 놓아둘 수 있지만 종업원들에게 방해가 되지 않도록 끈을 잘

갈무리해야 한다. 커다란 가방이라면 의자 옆에 놓아두어라. 열쇠나 지갑, 핸드폰은 당신의 주머니나 지갑 속에 넣어야 하며, 무심코 테이블 위에 올려놓지 않도록 주의하라.

다른 손님이 도착하기를 기다리는 동안 음료 정도는 주문할 수 있다. 하지만 테이블의 다른 물건을 건드려서는 안 된다(특히 세팅된 포크나 나이프를 움직이는 것은 좋지 않다). 예정된 손님이 다 도착할 때까지 테이블을 원래 상태로 유지해라. 이것은 당신의 사업적인 품위를 보여 준다.

물 흐르듯 부드럽게 주문하는 방법

어느 것을 골라야 할지 모를 때 음식에 대해서 물어보는 것은 좋다.
하지만 요리 방법이나 재료를 꼬치꼬치 캐묻지는 말라.

개인적인 만남이 아니라 사업상 미팅의 경우, 제각기 다른 음식을 주문하는 식사에 참여한 적이 있는가? 어떤 사람은 수프, 다른 사람은 샐러드를 주문한다. 또 어떤 사람은 아무것도 주문하지 않는다.

무슨 일이 벌어지겠는가?

만일 당신의 음식이 먼저 나올 경우, 당신은 아직 음식이 오지 않은 다른 사람들이 지켜보는 가운데 혼자 음식을 먹어야 하는 사태에 당면할 수도 있다. 그럴 경우 분위기가 상당히 어색해질 것은 불을 보듯 뻔하다.

사업상 식사의 목적은 무엇보다도 사업적인 관계 형성이라는 점을 기억하라. 먹는 것은 부차적인 문제이다. 되도록 테이블에 앉은 사람들이 동일한 음식을 주문하길 권장한다. 그럼 같이 시작해서 동시에 식사를 끝낼 수 있다.

음료수를 주문할 때도 당신이 손님인 경우라면 알코올 성분이 들어가지 않은 청량음료나 가벼운 차를 주문하라. 초대자의 입장이라면 손님과 보조를 맞추도록 해라. 상대편이 알코올 성분의 음료를 주문한다면 비슷한 걸 시키면 상대를 편하게 해 줄 수 있다. 그러나 굳이 알코올 성분이 들어간 것일 필요는 없다.

초대자가 권하지 않는 한 당신은 메뉴에서 가장 비싼 요리나 두 가지 코스를 넘어서는 음식을 주문해서는 안 된다. 그렇다고 가장 싼 요리를 고르는 것도 좋지 않다. 중간 가격대의 적당한 음식을 주문하는 것이 무난하다.

부모님에게 배운 기본 식사 예절

규칙은 간단하다.

타인의 입맛을 떨어뜨리는 행동은 무례한 것이다.

사업상의 만찬이 당신에게 있어 낯선 것일 수 있다. 하지만 기본적인 식사 예절은 그리 낯설지 않을 것이다. 어렸을 때부터 식탁에서 배웠던 규칙들이 바로 기본이기 때문이다.

그 규칙은 간단하다. 우선 타인의 입맛을 떨어뜨리는 행동은 무례한 것으로 간주된다는 것이다. 자, 다시 한번 어린 시절의 기억을 되새겨 식탁에서의 기본예절을 살펴보자.

- 똑바로 앉아라. 구부정하게 앉는다거나 의자 끝에 걸터앉지 말고, 팔꿈치를 접시 옆으로 올리지 말아라.
- 입을 다물고 씹어라. 조금씩 입에 넣고, 씹고 삼킨 다음에 말하라. 입을 벌리고 먹으면 씹는 소리가 너무 크게 들릴 수 있다.
- 식기나 수저를 흔들거나 음식으로 장난치지 말라.
- 숟가락이나 젓가락을 밥그릇 위에 올려 두지 말아라. 또한 수저를 사용하지 않을 때는 그릇 옆에 가지런히 내려놓고, 양식일 경우 접

시 양쪽에 가지런히 내려놓아라. 식사가 끝난 후에는 가지런히 모아서 놓아두어라.

다음은 양식일 때의 기본적인 테이블 세팅과 예절에 대해 알아보자.

- 손에서 가까운 식기를 이용한다 : 왼손으로는 포크, 오른손으로는 나이프와 스푼을 잡는다.
- 컵은 오른쪽에 둔다 : 대부분의 사람이 오른손잡이이기 때문이다. 잊지 말자. '마시는 것'은 '오른쪽'이다.
- 빵과 샐러드 접시는 당신의 왼쪽에 있어야 한다 : '먹을 것'은 '왼쪽'이다.
- 항상 바깥쪽의 도구부터 시작해서 안쪽의 도구로 이동해야 한다.
- 빵은 한입 크기로만 찢어서 먹어라. 빵 전체에 버터를 발라먹지 말라.
- 냅킨으로 입과 손을 닦아라.

사업적인 품위를 보일 수 있는 마무리

세상은 나의 굴^{oyster}이었다. 하지만 나는 잘못된 포크를 사용했다.

_ 오스카 와일드

칵테일파티에서 손에 음료수를 들고 있는데 부득이하게 다른 사람과 악수를 해야 한다면? 즉, 상대에게 손을 내밀며 "손이 젖어 있어서 미안합니다."라는 말을 해야 하는 경우라면?

당신의 상황이나 의도가 어찌 되었건 간에 그런 사과는 관계를 시작하는 데 있어서 그리 매력적인 방법이 아니다.

음료수와 음식을 들고 먹으면서 대화를 나누기란 쉽지 않다. 그렇지만 사업상의 칵테일파티나 리셉션에서는 이럴 수밖에 없다.

그럴 경우 한 가지 방법이 있다.

모든 것을 왼손에 들고 당신의 오른손은 악수를 위해서 깨끗하고 마른 상태로 남겨 두는 것이다. 이렇게 하기 위해서는 우선 왼손에 접시를 들어야 한다. 접시 위에 컵을 놓고 엄지손가락으로 균형을 잡아라. 와인잔이 더 쉽지만 다른 일반적인 컵들도 이렇게 할 수 있다. 그리고 접시 아래에 냅킨을 받쳐 두어라. 차갑고 축축한 음료수를 마신 후에는 곧바로 그 냅킨에 손을 닦는 것이다.

먹기 편한 음식과 전채요리를 선택하는 것도 하나의 요령이다. 오른손으로 접시의 음식을 집어 먹고 나서 즉시 냅킨에 손가락을 닦아라.

이렇게 간단한 방법으로 당신은 언제든 악수할 준비를 갖추게 된다.

식사를 제대로 마무리하는 것도 대단히 중요하다.

우선 당신이 초대한입장이라면, 손님을 문까지 안내하고 악수를 나누며 초대에 응해 준 것에 대해 감사를 나타낸다. 그리고 며칠 내로 전화 드리겠다는 말을 덧붙여라.

손님의 입장이라면, 초대해 준 사람에게 개별적으로 고마움을 표시하라. 또한 감사의 편지를 보내는 것도 좋은 방법이다. 직접 쓰는 것이 좋지만, 이메일을 이용해도 된다. 무엇보다 중요한 것은 48시간 이내에 보내라는 것이다.

식사 중에는 명함을 건네지 말라. 명함을 교환하는 시기는 헤어지기 전, 식사가 끝날 무렵이다.

모임에서 빛나는 매력적인 당신

에티켓은 수프를 먹는 동안 새어 나가지 않는 소리이다.

회사의 중역인 사라는 최근 거래하던 한 회계사무소와 거래를 끊어야겠다고 다짐했다. 그 회사 소속의 금융 상담자들이 서로를 밀치며 뷔페 테이블로 달려드는 것을 목격했기 때문이다.

도대체 왜 많은 사람이 마지막 만찬에 임하듯이 식사를 하는 것일까? 잠시 시간을 가지고 상황을 관찰하면 이런 '동물적인 행동'을 쉽게 피할 수 있다.

맨 먼저 접시에 산더미처럼 음식을 쌓지 말라. 수프나 샐러드로 시작한 다음 메인 코스를 가져오는 것이 좋다. 찬 음식, 더운 음식, 디저트 순으로 옮겨가는 것이 상례이다. 어떤 접시의 요리가 얼마 남지 않았다면 조금쯤 덜어오는 것은 괜찮다. 각각의 그릇에 마련되어 있는 스푼이나 포크를 사용해서 접시에 덜어내라.

매력적으로 보이는 몇 가지 기술을 알아보자.

- 맥주를 마실 때 : 칵테일파티에서는 꼭 잔을 사용하라. 병째 마시는 것은 집이나 술집에서 어울리는 행동이다. 또한 언급할 필요도 없겠지만, 적당히 마셔라. 사업상의 모임은 취할 만한 장소가 아니다.

- 칵테일을 마실 때 : 먹기 쉬운 음식을 선택하라. 손이 끈적거리거나 소스가 흐르는 음식은 조심해야 한다.

- 이쑤시개 처리 : 서빙하는 쟁반에 사용한 이쑤시개를 올려놓지 말라. 버릴 만한 곳이 마땅치 않으면, 재떨이를 찾아보거나 당신의 냅킨에 이쑤시개를 싸 놓아라.

- 뜨거운 음식의 위험 : 속이 아주 뜨거울 수 있는 요리에는 주의를 기울여야 한다. 입 안이 데지 않도록 우선 살짝 깨물어서 온도를 확인해 보라. 부서지거나 튀어서 옆 사람에게 피해를 끼칠 만한 음식도 가급적 피한다.

6 Chapter

대화의 법칙
입을 열 때마다 그 사람의 영혼이 드러난다

잡담은 하찮은 수다가 아니다

우리는 잡담하는 기술이 얼마나 중요한지 잘 알고 있다.
다만 우리가 모르는 것은 그것이 습득할 수 있는 기술이라는 점이다.

모임에서 처음 만난 존과 수잔의 대화이다.

존 : 이 도시 출신이신가요?

수잔 : 아뇨.

존 : ……

수잔 : ……

존 : 이 모임에 아는 사람이 있습니까?

수잔 : 별로 없어요. 당신은요?

존 : 저도 없습니다.

이후, 몇 분간의 불편한 침묵이 흐른 뒤에 존이 말한다.

"저…… 만나서 반가웠습니다."

"네, 저도요."

수잔의 대꾸를 끝으로 두 사람은 헤어진다. 그들 둘 다 아마 곧바로 다음과 같은 결론을 내릴 것이다.

'휴, 낯선 사람을 만나는 건 정말 힘들어.'

잡담 기술이 중요하다는 건 우리 모두 알고 있는 사실이다. 다만 우리가 모르는 것은 그것이 습득할 수 있는 기술이라는 점이다.

잡담은 쓸데없는 수다가 아니며 대화를 잘 이끌어 나가는 것은 인맥을 만드는 데 필수적이다. 잡담을 잘하기 위한 준비를 갖춰 보자.

- 최근의 사건들을 알아야 한다. 매일 신문을 읽어라.
- 신문이나 잡지에서 흥미로운 기사를 읽었으면 스크랩해 두자.
- 당신이 일하는 분야의 전문 칼럼과 회보를 챙겨 읽자.
- 신문에 났던 우스운 이야기나 개인적인 기담들을 대화의 시작으로 사용하라. 유머는 사람들을 가깝게 묶어 준다.

── 황금 규칙 ──

잡담하는 기술은 중요하다. 그것이 중요한 대화로 이끌어 주기 때문이다.

어색함을 깨뜨리는 서두와 대화를
이어 나가는 '메아리' 기술

칭찬은 언제나 환영받는 첫 마디이다.

불평으로 대화를 시작하고 싶어 하는 사람은 없다.

당신은 대화의 처음에 주로 어떤 말을 하는가?

어떤 말이든 상관은 없지만, 명심해야 할 것은 반드시 긍정적인 내용이어야 한다는 것이다. 음식이나 음악, 환경 또는 기타 어떤 소재이건 간에 불평으로 대화를 시작하고 싶은 사람은 없을 것이다. 칭찬은 언제나 환영받는 첫 마디이다. 상대방의 특이한 넥타이나 액세서리, 혹은 맛있는 전채 요리에 대해서 칭찬하라. 최근의 뉴스 내용 또한 효과적인 서두이다. 몇 가지 아이디어를 준비해서 모임에 참석하라.

흔히 알려진 말이나 유행하는 유머도 대화의 시작으로 꽤 높은 점수를 받을 수 있다. 날씨에 대한 언급도 대화의 첫 부분에서 자주 활용되는 기본 메뉴이다. 최근의 지독한 더위나 폭우, 상쾌한 봄날에 대해서 누구든 한마디쯤 할 말이 있을 것이다.

　　　　　　　　　　　　　　　　　퍼스트 임프레션

대화를 이어 나가기 위해서 상대방이 말한 내용 중 일부를 반복하는 방법이 있다. 예를 들어 보자.

수잔 : 전 지금 운영하는 인쇄소를 확장할 계획이에요.

존 : 확장한다구요?

수잔 : 네, 고객들에게 고속 인쇄와 컬러 인쇄를 비롯한 폭
　　　넓은 서비스를 제공하고 싶어요.

존 : 고속 인쇄, 컬러 인쇄라고요?

수잔 : 이제 고객들의 요구가 점차 다양해지고 있거든요.

너무 반복하는 것처럼 들리는 게 싫다면, '그렇군요!', '좀 더 설명해 주십시오.'와 같은 격려용 대꾸를 사용하라. 또한 반복해야 할 키워드를 잘 선택해 시기적절하게 대응해야 한다.

대화를 활력 있게 하는 열린 질문

가식적이지 않은 칭찬과 적당한 시점의 미소나 웃음이

당신과 대화하고 싶어지게 만든다.

테리와 마이크는 방금 만났다. 마이크는 벤쿠버에서 돌아온 지 얼마 안 되었다고 한다. 그 언급만으로 테리는 다음의 방법 중 하나로 대꾸할 수 있다.

"저도 벤쿠버를 좋아합니다. 아름다운 도시지요. 여행에서 제일 좋았던 게 무엇이었습니까?"

"전 벤쿠버에 가본 적이 없습니다. 하지만 언젠가 한번 꼭 가 보고 싶어요. 어느 곳이 볼만한가요?"

두 경우 다 테리는 대화를 지속시킬 수 있는 열린 질문을 했다. 대화의 문을 열어 줄 수 있는 질문, 즉 열린 질문을 사용하라. '누가, 무엇을, 어디서, 언제, 왜, 어떻게'로 시작하는 질문을 상황에 맞춰 적절히 활용하면 대화가 자연스럽게 연결된다.

열린 질문의 반대가 닫힌 질문이다. 이는 '네' 또는 '아니요'로 딱 떨어지는 대답이 나올 수 있는 질문이다. 이런 질문은 피해야 한다.

또한 대화를 자르는 말을 조심하라. 그 대신 "좀 더 설명해 주시겠어요?", "당신의 생각은 어떻습니까?" 혹은 "흥미롭군요."처럼 상대의 의견이나 참여를 유도하는 식으로 말하라.

가식적이지 않은 칭찬과 적당한 시점의 미소나 웃음이 당신과 대화하고 싶어지게 만든다는 점을 항상 명심해라.

조금 말하면서도 능숙하게 대화하는 법

알고 있는가? 중국인들이 묘사하는 경청자의 모습은
두 눈과 마음, 그리고 두 귀로 구성되어 있다.

말을 많이 하지 않는데도 주위 사람들에게 대화를 잘한다고 평가받는 사람이 있다. 어떻게 이런 일이 가능할까?

그것은 그 사람이 '귀 기울여 듣기'라는 더 중요한 대화 원칙을 잘 알고 있기 때문이다. 대다수 사람은 대화란 말하기뿐만 아니라 듣기를 포함한다는 사실을 간과한다. 그들은 상대방의 말에 집중하기보다 다음에 자기가 할 말을 생각하느라 바쁘다. 이런 사람들은 대화를 잘할 수 없다.

보디랭귀지와 적절한 대꾸로 당신이 열심히 듣고 있음을 상대에게 보여 주어라. 상대방이 말할 때 그에게 좀 더 가까이 다가간다거나 머리를 끄덕이며 "네", "그렇군요" 등의 맞장구를 쳐주어야 한다.

그리고 시선을 맞추어라. 상대방의 눈을 들여다보는 것이 좀 부담스럽다 싶으면 얼굴의 다른 부분을 쳐다보아라. 이마부터 턱까지 시선을 둘 곳은 얼마든지 있다. 당신이 말을 하

———————— 퍼스트 임프레션

는 동안에는 일시적으로 시선을 돌렸다가, 상대방이 말할 때 다시 시선을 맞추어라. 친밀감을 높이는 가장 강력한 방법 중 하나가 상대방에게 관심을 표시하는 것이다.

대부분의 사람은 자신이 잘 듣는 편이라고 착각한다. 그러나 자신이 스스로의 들어주는 능력을 판단할 수는 없다. 그것은 말하는 상대방이 판단할 일이다.

....

자신의 파트너에게(직업적 혹은 개인적인 파트너 모두) 당신이 귀 기울여 듣지 않는다고 느꼈던 때가 언제인지 물어보라. 또 당신의 어떤 행동이 경청하지 않는 듯하게 보였는지 물어보라. 그다음에 당신이 잘 듣고 있음을 보여 주었던 행동에 대해서도 물어보라. 그럼 다음부터 해야 할 행동을 알게 될 것이다.

톰 스토얀(캐나다의 세일즈 코치)

대화에 찬물을 끼얹는 사람이 되지 않으려면

문화적으로 오해의 소지가 있는 농담,

성적인 농담은 피해야 한다.

끔찍한 비행기 충돌 사고나 사무실 직원 중 몇 명이 감기에 걸렸다는 시시콜콜한 이야기를 대화의 화제로 삼고 싶은 사람이 과연 얼마나 될까?

재앙과 같은 무시무시한 내용들은 사람들을 불안하게 만들어 대화에 찬물을 끼얹을 수 있다. 건강 문제나 최근의 수술 소식 같은 개인적인 화젯거리 역시 마찬가지이다. 세상에는 분명 많고 많은 문제가 있다. 하지만 사람들은 공적인 모임에서까지 굳이 그런 문제를 되새긴다거나 화제로 삼고 싶어 하지 않는다.

종교와 정치 문제를 꺼내는 것도 좋지 않다. 보통 이 화제는 해결이 나지 않는 열띤 논쟁을 불러일으킨다. 당신이 만일 그런 감정적인 토론에 끼게 되었다면, 어느 한쪽으로 치우치지 말고 적당히 중립적인 위치에서 말하도록 해라. 또한 상대방의 의견을 직접적으로 비판하지 않도록 주의하라. 농담은 사람들을 짧은 시간 내 친밀해지게 하는 훌륭한 수단이다. 하지만 특정 농담에 불쾌감을 표현하는 사람도 있음을 명심해라. 급진적이거나 문화 차별적인 농담, 성적인 유머는 피해야한다. 그런 말은 당신이 상상하는 것보다 더 많은 사람을 불편하게 한다.

특정 개인에 대한 농담도 조심해야 한다. 혹시 그 공간에 그 사람의 친구나 친척이 있을지도 모른다.

대화는 테니스 게임이다

좋은 첫인상을 전하려면 자신보다 상대에게 초점을 맞추어라.

_ 다이앤 부산드리(부산드리 맥도널드 컨설팅 그룹)

'대화 욕심쟁이'를 만난 적이 있는가? 그들은 항상 자신에게 시선이 집중되기를 바란다. 언제나 자신의 얘기만이 중요한 나머지 자기가 말할 차례를 기다리지 못하고 끼어든다. 상대방도 흥미를 느끼는 화제가 아니라 자신이 말하고 싶은 주제만 이야기한다. 대화 욕심쟁이는 상대의 얘기를 듣고 싶어 하지 않는다.

대화는 테니스 게임과 비슷하다. 당신이 대화를 시작해서 다른 사람의 코트에 공을 보낸다. 말을 받은 상대방은 다시 당신에게 되돌려 보낸다.

대화를 이끌어 나가는 이런 부드러운 주고받음이 없다면, 한쪽의 독백으로 끝날 수밖에 없다. 그것은 매우 힘들고 지루한 일이다. 이쯤 되면 상대방은 오로지 대화라는 코트에서 서둘러 '퇴장'하고 싶은 마음뿐일 것이다.

낙관적이고 열성적으로 대화에 참여하라. 상대방의 말에

흥미와 관심을 보이며, 긍정적으로 반응하라. 당신의 열의는 대화의 능력으로 평가받을 수 있다. 당신의 열의에서 자신들의 말에 대한 당신의 관심을 느낄 것이기 때문이다. 그리고 당신은 언제나 환영받는 대화 상대자가 될 것이다.

만남이 지속된다면 당신이 하고 싶은 말을 할 때가 분명 돌아온다. 하지만 대화 욕심쟁이에게는 다음번이란 없다.

대화를 짜증스럽게 만드는 것

자신이 다음에 할 말보다는 상대방이 지금 하고 있는 말에
관심을 집중시켜라.

대부분 사람은 대화를 하는데 끼어들어 계속 말을 자르는
행동을 가장 짜증스럽게 여긴다. 당신 역시 당신의 생각들을
끝맺을 수 없을 때 당연히 화가 날 것이다.

한 연구조사에 따르면, 말을 가로채는 것이 대화의 가장 큰
장애 요소라고 한다. 어쩌면 당신이 이 사실을 알아차리지 못
한 채 이런 행동을 하고 있을 수도 있다. 사람들이 자주 당신
에게 "내 말을 끝까지 들어 봐."라고 말한다면, 당신은 그동안
너무 자주 다른 사람의 말을 가로채 왔던 것이다.

자신이 다음에 할 말보다는 상대방이 지금 하고 있는 말에
관심을 집중시켜라.

또한 상대방에게 생각을 마무리할 수 있는 시간을 주어라.
상대의 말이 잠깐 중지되었다고 해서 말이 다 끝난 것은 아니
다. 그들에게 생각할 시간을 주어라. 그럼 그들도 당신의 말
을 더 듣고 싶어 할 것이다.

또 한 가지 대화를 짜증스럽게 하는 행동은 상대의 말에 아무 반응도 보이지 않는 것이다.

시선을 맞추고 귀를 기울이며 적극적으로 상대의 말에 대꾸를 해라.

....

수년간 나는 운 좋게도 오랫동안 기억에 남는 인상을 준 사람들을 많이 만나 보았다. 그중에는 경영자들이나 전문인들뿐 아니라 평범한 사람들도 있었다. 그들의 공통적인 자질은 '천천히 말하고 빠르게 듣는' 능력이었다. 그들은 자신에 대해서 말하기보다 나에 대해 더 알고 싶어 했다.

마크 버코비츠 (에섹유넷 캐나다 임원)

7
Chapter

전화 · 팩스 · 이메일

전화는 말로 나누는 악수이다

전화선을 타고 당신의 목소리만이 아니라 감정도 전해진다.

우리가 진행하는 업무의 75%가량이 전화로 시작된다. 어떤 경우 그것은 한 사람과 맺는 유일한 접촉일 수도 있다. 전화로 전하는 당신의 목소리가 때로는 당신의 유일한 인상이 되기도 한다.

우리는 자신을 소개하고 정보를 교환하며 약속을 정하고 친분을 다지기 위해 전화를 이용한다. 최초의 전화 통화가 당신이 바라는 만남, 새로운 고객과의 계약 기회를 얻을 수 있는지의 여부에 영향을 미친다.

전화할 때 상대방은 당신의 옷차림이나 보디랭귀지, 당신의 사무실을 눈으로 볼 수가 없다. 오직 당신의 말투와 사용하는 언어, 목소리가 유일한 판단 기준이다. 당신의 목소리와 전화 예절에 따라 당신의 능력과 신뢰도에 대한 그들의 결정이 달라질 수 있다.

공적인 전화는 언제나 "안녕하십니까?"라는 정중한 인사말로 시작하라. "안녕, 잘 지냈어요?" 와 같은 인사말과 태도는 친근하게 들릴지는 모르나 당신을 비전문가처럼 느끼게 한다. 호흡을 가다듬고 당신의 신분을 밝혀라. 이때 당신의 이름과 성을 모두 밝혀야 한다. 회사 일로 전화를 걸었다면 회사명과 부서명을 확실하게 알려라.

- "안녕하십니까, 전 XYZ사의 제인 스미스입니다. 존스 씨와 통화하고 싶습니다."
- "전 ABC사의 경리부에서 근무하는 존 브라운입니다. 그린 양이 아까 전화하셨다고 들었습니다."

전화를 받는 쪽에서 누구냐고 물어 온다면, 당신이 직업 세계의 신참이라는 티를 냈다는 뜻이다. 당신의 이름과 회사명을 즉시 알림으로써 소속과 전문성을 전달하라.

— 황금 규칙 —
전화상의 첫인상이 당신이 전하는 유일한 인상일 수 있다.

성공적인 전화 통화 방법

미소로 유발된 따뜻함은 전화선을 타고 분명하게
상대방에게 전달된다.

당신이 방금 한 말을 사람들이 자주 다시 물어보는 편인
가? 그렇다면 당신의 발음이 정확하지 않기 때문이다. 좋은
전화 목소리는 상대방이 제대로 알아들을 수 있을 만큼 크고
명확해야 한다. 단, 고함치거나 찢어질 듯한 목소리가 아니라
는 조건 하에서 말이다. 당신의 목소리가 유쾌하면 상대방도
당신의 말을 듣고 싶어 한다.

목소리 톤이 높은 사람들은 자주 비전문인으로 인식되곤
한다. 콧소리가 섞이고 꺽꺽거리거나 너무 가느다란 목소리
또한 그리 매력적이지 않다.

활기는 목소리가 매력적으로 들리게 하는 중요한 자질 중
의 하나이다. 앉아서 전화할 경우 당신의 횡격막은 압박을 받
는다. 일어서서 움직이면 숨쉬기가 더 편해지고 더 많은 활기
를 발산할 수 있다. 그 에너지가 당신의 목소리에 배어나게
될 것이다.

또 다른 방법은 말하면서 미소를 머금는 것이다. 비록 상대방이 그 미소를 볼 수 없다고 해도, 미소로 유발된 따뜻함은 전화선을 타고 분명하게 상대방에게 전달된다!

성공적인 전화 통화를 위해서는 다음 세 가지를 명심해야 한다.

- 당신이 전화하는 이유를 분명히 파악하고, 필요한 정보나 질문을 준비해 두어라. 종이에 메모해 놓는 것도 도움이 된다.
- 필요한 자료나 도구를 모두 가까이에 두어라. 펜과 종이, 약속 날짜를 잡기 위한 달력, 이전의 만남에서 알아냈던 다른 정보 등이 포함된다. 당신이 필요로 하는 수치나 사실들을 찾기 위해 상대방을 기다리게 하지 말라.
- 메모하라. 통화하는 동안 요점을 적어 두어라. 이것으로 당신은 상대에게 효율성과 꼼꼼함을 보여 줄 수 있다.

···········

전화상으로는 신체적인 특색을 이용해 좋은 첫인상을 만들 수가 없다. 당신이 비록 흠잡을 데 없이 깔끔하고 단장된 옷차림을 하고 있다고 해도, 상대방은 그 모습을 볼 수가 없다. 당신의 목소리가 불안정하면 좋은 인상을 전하지 못한다. 누군가에게 전화할 때, 당신은 5초 안에 그 사람의 목소리 톤과 분위기에 적응할 준비를 갖춰야 한다. 그들이 말하는 방식을 주의 깊게 들음으로써 대응 방법을 준비하라.

미레이유 탕궤이(벅스 고객관리부장)

전화 받을 때 좋은 인상을 전하는 방법

다른 사람은 당신을 볼 수 없다.

그렇기 때문에 당신의 언어가 무엇보다도 중요하다.

• 가능한 한 신속하게 전화를 받아라. 전화벨이 세 번 울리기 전에 받는다. 이것은 당신이 그들의 전화를 중요하게 여긴다는 의미를 전달한다.

• "안녕하세요", "여보세요, ―입니다"와 같은 말로 인사를 한 다음 당신의 이름과 부서명 또는 회사명을 밝혀야 한다.

• 상대에게 보이지는 않을지라도 목소리에 미소를 담아 분명하고 예의 바르게 말하라. 기회가 닿을 때마다 전화 건 사람의 이름을 불러라. 통화 중의 중요한 정보는 그때그때 메모해라.

• "전화해 주셔서 감사합니다, 스미스 양."과 같은 식으로 긍정적인 말과 더불어 상대방의 이름을 언급하고 통화를 끝맺어라. 수화기를 너무 빨리 내려놓지 말라. '뚝' 하고 전화 끊는 소리가 귀에 들리는 걸 좋아할 사람은 없다. 이는 당신이 상대방을 귀찮게 여기고 있다는 의미로 전달될 수 있음을 명

　　　　　　　　　　　　　　　　　　　 퍼스트 임프레션

심해라!

"지금은 너무 바빠서 전화를 받을 수 없습니다." 와 같은 메시지를 들었을 때 당신의 느낌은 어떤가? 이 사람이 대체 지금 무얼 하고 있을지 궁금해지는 한편, 다소 기분 나쁘게 들릴 것이다. 당신이 너무 바쁠 때 전화가 걸려 왔다면 이렇게 말해 보라.

"지금은 전화를 받을 수가 없습니다. 용건을 말씀해 주시면 제가 즉시 전화 드리겠습니다." 공적인 상황에서 너무 자유로운 말투를 쓰는 것도 문제를 일으킬 수 있다. 명심하라! 다른 사람은 당신을 볼 수 없다. 그렇기 때문에 당신의 언어가 무엇보다도 중요하다.

전화 통화를 잠시 중단해야 할 경우, "잠깐 기다리세요."라고 하지 말고 "잠시 기다리시겠습니까, 아니면 제가 다시 전화 드리는 편이 나을까요?" 와 같은 말로 항상 먼저 허락을 구해야 한다. 대화를 끝내는 방법에 대해서도 생각해 보라. "안녕."은 친구에게 손을 흔들며 인사할 때나 어울리는 말이다. "감사합니다."라는 말이 당신을 더 세련되고 겸손한 사람으로 만든다.

잘못된 전화 메시지 녹음

메시지를 남길 경우 당신의 이름을 천천히 그리고
정확하게 말하는 것이 무엇보다 중요하다.

"안녕하세요, 저는 리타 메네에에에에스예요. 613-83음음음으로 전화해 주세요."

어느 날, 당신의 전화기에 다음과 같은 메시지가 녹음되어 있었다. 과연 이 메시지는 무엇이 잘못되었을까?

- 이름 뒷부분을 웅얼거리면서 너무 빠르게 말했다 : 본인은 자신의 이름을 알고 있겠지만, 다른 사람들은 그렇지 않다. 메시지를 남길 경우 당신의 이름을 천천히 그리고 정확하게 말하는 것이 무엇보다 중요하다. 발음하기 어렵거나 특이한 이름이라면 스펠링을 남겨 두는 것도 좋은 방법이다.
- 전화번호를 너무 빨리 말했다 : 숨넘어가는 속도로 당신만 알아듣게 말해 버리면 듣는 쪽에서 당신의 이름과 일곱 자리가 넘는 숫자를 받아 적을 재간이 없다. 당신이 말하는 내용은 그들에게 모두 생소한 정보라는 점을 기억하자.

• 중요한 정보를 딱 한번만 말했다 : 당신을 모르는 사람에게 전화할 경우에는, 메시지의 끝부분에 당신의 이름과 전화번호를 다시 한번 반복하도록 하자. 그 내용을 알아내기 위해서 당신의 메시지를 여러 번 들을 필요가 없는 것만으로도 상대방은 고마워할 것이다.

....

많은 사람이 전화 메시지를 남기는데 서툴다. 왜 사람들은 놀라거나 쫓기는 듯한 목소리로 메시지를 남기는가? 전화 걸기에 앞서서 당신이 전할 메시지를 적어 보라. 최소한 중요한 점만이라도 적어 놓아라. 그런 다음 당신이 어떤 인상을 가장 우선적으로 남기고 싶은지 생각해 보라. 상냥함과 친절함인가? 유능함인가? 핵심을 명확하게 전달하고 싶은가? 사려 깊은 사람처럼 보이고 싶은가? 아니면 이해심 깊은 사람으로 전달되고 싶은가?

사람들은 당신에게 좋은 인상을 받으려고 애쓰지 않는다. 당신이 그들에게 좋은 인상을 전하려 애써야 한다. 전화기를 들 때마다, 당신이 스스로 어떤 인상을 남기고 싶은지 결정해야 한다.

톰 스토얀(캐나다의 세일즈 코치)

전화상의 실수를 피하고 효율성을
극대화할 기본 수칙

예의 바른 행동은 돈이 들지 않는다.

하지만 막대한 보상을 안겨 준다.

당신이 다른 사람의 사무실을 방문했는데 상대가 오랫동안 전화 통화를 한다면 짜증스럽고 화가 치밀어오를 것이다. 중요한 것은 당신만 이런 느낌을 갖는 게 아니라는 것이다.

당신과 함께 있는 사람이 언제나 더 중요하다. 많은 사람이 이를 간과하고 실수를 저지른다. 일 때문에 사람을 만나는 동안 전화가 온다면 응답기를 켜 놓아라. 만일 중요한 전화를 기다리는 중이라면, 먼저 함께 있는 사람에게 양해를 구하고 전화를 받아서 다시 전화할 시간 약속을 정하라.

마찬가지로 전화를 받고 있는데 다른 전화기가 울린다면 그냥 내버려 두어라. 전화 응답기가 대신 받아 줄 것이다. 당신이 잘 알고 있는 사람과 대화하는 중이었다면 전화를 확인하는 동안 잠시 기다려 줄 수 있는지 물어볼 수는 있다. 당신과 현재 함께 있는 사람이 우선이라는 사실을 명심하고, 다른

　　　　　　　　　　　　　　　——— 퍼스트 임프레션

사람에게는 가능한 한 빨리 전화하겠다고 약속하라.

다음의 몇 가지 간단한 수칙으로 전화 효율성을 더 극대화할 수 있다.

- 집에서 전화하는 경우라면, 세탁기나 텔레비전 소리 같은 소음이 들리지 않도록 신경 써야 한다.
- 요점만 간단하게 통화하라 : 일하는 사람들은 수다스러운 잡담에 매달릴 시간이 없다.
- 피해야 할 일 : 통화하는 동안 음식을 먹거나 껌을 씹는다거나 음료수를 마시지 말라. 전화 너머로 들려오는 쩝쩝대는 소리를 즐겁게 들어줄 사람은 없다. 컴퓨터 작업 소리나 종이 넘기는 소리도 삼가야 한다. 그런 사소한 소리에서 상대방은 당신이 통화에 전적으로 관심을 기울이지 않는다는 것을 알아차린다.

핸드폰 예절

컴퓨터에 당신이 급하다는 걸 절대로 알리지 말라.

잭이 사업상의 점심 식사를 하고 있을 때 그의 가방에서 시끄럽게 핸드폰이 울린다. 다른 테이블의 손님들이 흘끔흘끔 그를 쳐다보며, 그의 고객들도 대화를 멈추고 그가 소곤소곤 통화하는 모습을 지켜본다.

수잔은 치과에서 기다리는 동안 대기실에서 새로운 계약 건에 대해서 커다란 목소리로 전화 통화를 한다. 다른 환자들이 그녀가 있는 쪽을 노려본다.

다른 사람이 있는 앞에서 핸드폰을 사용하는 것은 당신의 사려 깊지 못함을 드러내며, 당신을 신중하지 못한 비전문인으로 보이게 한다. 부득이하게 공공장소에서 걸려 온 전화를 받아야 한다면 구석진 자리를 찾아서 짧게 통화하라. 이 경우 상대방에 대해서도 신경을 써라. 전화를 건 쪽에서 통화료를 내야 하므로 분명 오래 기다리는 것을 좋아하지 않을 것이다.

엘리베이터나 비행기, 기차 혹은 레스토랑처럼 폐쇄된 대중적 공간에서는 반드시 핸드폰을 꺼놓아야 한다. 끌 수 없는 상태라면 최소한 진동모드로 전환시켜 놓도록 하자. 대기실이나 회의장, 영화관, 공연장 등 기타 다른 사람들에게 방해가 될 수 있는 장소에서도 사용을 피해야 한다. 사업적 식사 약속 장소에서도 물론 꺼놓아야 한다.

무엇보다도 운전 중 핸드폰 사용은 되도록 하지 않는 것이 좋다. 정신이 분산되어 사고를 유발할 수도 있기 때문이다(핸즈프리를 사용할 경우라도 정신은 분산된다). 꼭 통화를 해야 한다면 차를 길가에 세운 다음에 하라.

강한 첫인상을 만들어 주는
비즈니스 레터

편지를 이용해 강력한 첫인상을 만들거나 좋은 첫인상을
강화할 수 있도록 하라.

종이 위의 검은 글씨는 힘을 지닌다. 당신의 첫인상은 직접적인 대면이나 전화를 통해서뿐만이 아니라, 공적인 편지를 통해서도 이루어진다.

당신의 비즈니스 레터는 내용 전달 이상의 의미가 있다. 그것은 당신에게 유리하게 혹은 불리하게도 작용될 수 있는 영구적인 기록이다. 사람들은 편지를 간직한다. 또, 오랜 시간이 지난 후에 다시 꺼내 보기도 하고 참고하기도 하며 간혹 다른 사람이 읽기도 한다.

사람들은 당신의 편지를 읽으면서 당신에 대한 새로운 견해를 형성할 것이다.

간결하고 명확한 편지로 강한 첫인상을 심어 주어라. 형식도 갖추지 않은 편지에 오자투성이라면 당신은 초라하고 비전문적인 사람으로 비춰진다. 당신의 편지를 이용해 강력한 첫인상을 만들거나 좋은 첫인상을 강화할 수 있도록 하라.

무엇보다 의미 있는 편지를 쓰도록 하라. 인력관리부의 실비아는 "신사 숙녀 여러분" 또는 "관심 있으신 분들께"라고 시작하는 편지들을 자주 받는다. 그녀는 이 편지들을 대부분 쓰레기통으로 던져 버린다.

실비아는 이렇게 말한다.

"난 바쁜 사람이에요. 받을 대상의 이름조차 확인하지 않는 사람의 편지를 읽을 시간 따위는 없다고요."

정중한 인사말로 편지를 시작하라. 당신이 잘 아는 사람이라면 그의 이름을 사용하고 친하지 않다면 성과 존칭(—씨, —양)까지 붙여야 한다.

편지의 앞부분에 목적을 언급하고 본문에는 전하고자 하는 내용을 적어라. 마지막으로 행동에 대한 부탁으로 끝을 맺어라.

간결하고 명확해야 한다는 점을 거듭 명심하라.

황금 규칙

당신의 공적인 편지로 지속적이고 전문적인 인상을 전달하라.

단정해 보이는 서류가
당신을 단정해 보이게 한다

인간이 사용하는 마약 중에서 가장 강력한 것은 말이다.

_ R. 키플링

처음 읽었을 때 무슨 내용인지 모를 정도로 정신없는 서류나 공문을 받은 적이 있는가? 작성한 사람이 너무 많은 서체를 사용했을 수도 있다. 요즘의 컴퓨터는 우리에게 수십 가지의 서체들을 제공한다. 그렇다고 그 서체를 모두 사용해야 한다는 뜻은 아니다! 두 가지 서체만 선택하라. 장식이나 제목용으로 하나, 내용을 쓰는 서체로 다른 하나.

또한 일관성 있는 형식과 간결한 내용으로 작성하라. 전문가들은 공문의 내용이 일곱 줄을 넘어서는 안 된다고 충고한다. 한 페이지에 너무 꽉꽉 채워 넣지도 말라. 서류나 공문의 핵심 내용은 두 문장이나 세 문장 정도가 적당하다. 편지가 너무 길어진다면 둘째 장을 이용하라.

감사의 메모도 깔끔하게 써야 한다.

다음 보기처럼 세 문장이면 충분하다.

- 그 사건이나 호의에 대한 감사의 표현으로 시작한다.
- 그것이 당신에게 어떤 영향을 미쳤는지, 그리고 그 친절에 얼마나 감사하고 있는지에 대한 문장을 덧붙인다.
- 다음 만남에 대한 언급이나 바람의 말로 끝을 맺는다.

....

친애하는 밥,

수요일 모임에서 당신을 만날 수 있어서 기뻤습니다. 당신과 함께 나눈 구직 시장에 대한 토론도 즐거웠고, 당신의 충고 또한 고마웠습니다. 다음 달 모임에서도 뵙게 되기를 바랍니다.

마음으로부터, 댄

비즈니스 레터로 원하는 바를 얻어내는 다섯 가지 비밀

형식이 아니라 내용에 충실해라.

그것이 원하는 것을 얻어내는 비결이다.

비즈니스 레터는 어떻게 써야 할까? 어떤 특정 형식이나 룰이 있는 것인가? 결론적으로 말하자면 특별한 규제나 일정한 규칙이 있는 것은 아니다. 하지만 왜 비즈니스 레터를 쓰는지 그 목적을 생각해 보면 어떤 내용을 담아야 하는지 그 답이 나올 것이다.

공적인 편지에는 정보를 제공한다거나 특정 부탁을 하는 등의 목적이 있다. 당신의 목표를 제대로 달성하려면 아래의 다섯 가지 방법을 동원하라.

- 당신이 왜 이 글을 쓰고 있으며, 무엇을 기대하는지 분명하게 밝히는 말로 시작하라.
- 받을 상대를 염두에 두고, 어투를 결정하라.
- 편지 받는 사람이 당신의 요구사항을 수행할 수 있도록 필요한 정보

퍼스트 임프레션

를 제공하라.

- 간단하고 사실적으로 작성하라. 불필요하거나 개인적인 내용을 쓸 필요는 없다.
- 당신이 상대방에게 바라는 행동 혹은 받아야 할 사항에 대한 내용으로 끝을 맺어라.

손으로 쓴 편지가 돋보이는 이유

직접 쓴 편지는 당신의 개인적인 관심과 생각,

그리고 정성을 반영한다.

_ 수잔 로앤

당신도 손으로 직접 쓴 우편물을 받았을 때 마음이 따뜻해지며 그 편지에 특별한 감정을 느낀 경험이 있을 것이다. 산더미 같은 청구서와 광고물의 홍수 속에서 아마도 당신은 그 편지를 제일 먼저 골라 읽을 것이다.

우리는 누구나 다른 사람들의 감탄과 인정을 받고 싶어 한다. 손으로 직접 쓴 감사나 축하 편지를 보낼 때, 당신은 이미 평범함의 수준을 넘어선 것이다. 어느 누가 자신을 위해 시간을 낸 사람을 특별하게 여기지 않을 수 있겠는가! 편지를 직접 쓸 만큼 시간을 내는 사람은 생각처럼 많지 않다.

언제 감사 편지를 보내야 하는지를 잘 모르겠다면, 당신을 위하여 15분 이상 호의를 베풀거나 도움을 준 사람이 있을 때마다 감사 편지를 보내라. 감사의 편지는 당신에 대하여 다음과 같은 사항을 알려 준다.

             퍼스트 임프레션

- 당신은 누군가의 호의나 도움을 받았을 때 감사하며 그것을 기꺼이 인정할 수 있는 사람이다.
- 당신은 마무리까지 신경 쓰는 전문가이다.
- 당신은 남보다 더 정성을 쏟을 줄 아는 사람이다.
- 당신은 상대의 호의에 감사의 표현을 하는 사람이다.

제대로 된 팩스 보내는 법

소홀해지기 쉬운 사소한 것에까지 당신의 치밀함을 보여라

우리는 팩스 서류에 대해 너무 가볍게 생각하는 경향이 있다. 하지만 공적인 내용으로 팩스를 보낼 때, 다른 서류들과 마찬가지로 주의를 기울여야 한다. 겉장에 다음의 내용을 꼭 기록하자.

- 보내는 사람과 받는 사람의 이름
- 보내는 사람과 받는 사람의 팩스 번호
- 보내는 사람의 전화번호와 날짜
- 전달되어야 할 페이지의 수

주제란에는 팩스를 보내는 이유를 명시해야 한다. 다섯 장 이상의 팩스를 보내야 한다면, 받는 사람에게 그 사실을 먼저 알려라. 당신이 보내는 내용에 대한 간단한 요약을 적어 보내는 것도 좋다.

내용이 읽히기 쉽도록 충분한 여백을 남겨야 한다. 팩스 상

으로 온 서류에서 작은 글씨를 읽기란 상당히 어렵다. 활자를 확대해서 보내는 방법도 활용해 볼 수 있다. 팩스를 보낸 후에 빠진 페이지 없이 제대로 도착했는지 확인 전화를 해보는 것도 당신의 성의와 사려 깊음을 드러낼 수 있는 좋은 방법이다.

팩스를 자주 보내는 사람이라면 팩스 서식을 따로 만들어 두고 보낼 때마다 그 서식을 이용해서 앞표지를 붙이는 것도 하나의 좋은 방법이 될 것이다.

Dear Sharon,

I was so pleased and sought to invite me to Mr. & mother's wedding. Unf... under the present circu... I will not be able to get... to attend the wedding.

I wish them a ...

이메일의 장점과 단점 그리고 네티켓

눈부신 기술의 발전에 고마워해라.

하지만 기본을 잊어서는 안 된다.

요즘에는 한번의 마우스 클릭만으로 도시 건너편이나 세상 반대쪽의 사람에게 연락을 취할 수 있다. 하지만 빠르다는 효율성만이 부각된 나머지, 정확성을 소홀히 하는 경우가 종종 있다. 그로 인해 자신도 모르게 상대방을 불쾌하게 하거나 심지어 화나게까지 한다.

이메일을 쓸 때는 편지를 작성할 때와 같은 규칙을 적용하라.

정확한 문법과 스펠링 그리고 단정한 용어를 사용하며, 간결하고 명확하게 내용을 전달하라. 제목란에는 이 이메일을 보내는 이유를 적어라.

바쁜 직장인들은 하루에도 수십 통씩 날아드는 메일을 일일이 감당할 겨를이 없다. 그들이 답장할 수 있도록 명확한 메시지를 전달해야 한다.

이메일이 사회생활의 중요한 일부분이 된 지금 그에 걸맞은 예절을 익힐 필요가 있다. 일명 '네티켓'이라고 부르는 그 기본 규칙을 알아보자.

- 메시지는 짧게 보내라. 한 화면 안에 20줄이 넘지 않도록 한다. 더 많은 내용을 보내야 한다면, 첨부 파일을 이용하라.
- 전화 통화나 만남의 시간을 줄이는 한 방편으로 사용하라.
- 이메일을 본격적인 대화의 수단으로 이용하지 말라. 그것은 비인격적인 경향이 있다. 사람의 표정이나 보디랭귀지를 볼 수도 없고, 그들의 목소리를 들을 수도 없다. 전화 통화나 직접적인 만남이 필요할 때도 있음을 알자.
- 재빠른 답장을 기대하지 말라. 이메일이 아무리 빠르게 전달된다 해도, 받는 사람 쪽에서는 당신의 메시지를 읽고 답장하기 전에 생각할 시간이 필요하다.
- 똑같은 메시지를 여러 번 보내지 말라. 받는 쪽에서 달가워하지 않을 것이다.

Chapter

8

인맥이
재산이다

네트워킹 공포를
네트워킹 승리로 바꾸는 방법

네트워킹 기술을 습득하는 것은 이제 선택이 아닌 필수이다.

사업상의 작은 모임 초대받아 갔을 때 식은땀이 흐르는가?
커다란 모임을 생각하기만 해도 심장이 쿵쾅거리는가? 낯선
사람들로 가득 찬 곳에 들어가는 일은 누구에게나 쉽지 않은
일이다. 한 연구조사에 따르면, 성인의 40% 이상이 새로운
사람과의 만남에 불안을 느낀다고 한다. 또 다른 조사에서는
75% 정도의 사람들이 사업상의 미팅 혹은 사교 모임에 불편
함을 느낀다고 보고된 바 있다. 어쩌면 항상, '낯선 사람과 얘
기하지 말라.'고 하셨던 우리 부모님들의 영향 때문일지도 모
른다.

하지만 네트워킹 기술을 습득하는 것은 매우 중요하다. 그
런 모임이 당신의 경력에 영향을 끼칠 수 있는 사람과 고객,
그리고 장래의 직원들과 만날 기회를 제공하기 때문이다.

다른 한편으로는, 당신이 항상 모든 면에서 타고난 외교관
처럼 행동해야 할 필요는 없다는 것이다. 물론 어떤 사람은

다른 사람들보다 새로운 사람과 잘 어울리기도 한다. 하지만 누구나 이런 기술을 습득할 수 있다. 그러니 당신이 그렇지 못하다는 것에 초조해하거나 불안해하지 말라.

처음 만난 사람과 어떻게 시작해야 하는지 그 시작 방법에 대해서는 이 책의 앞부분을 다시 한번 살펴보기 바란다.

기술은 연습하면 자기 것으로 만들 수 있다.

— 황금 규칙 —

네트워킹을 통하여 당신은 사업적인 목표를 이루어 줄 사람들과 만날 수 있다.

인맥으로 이익을 창출하는 법

인맥은 당신이 목표를 성취하는 데 가장 효과적인 지름길을

제공해 줄 것이다.

당신의 사업적인 목표는 무엇인가? 그것이 무엇이든 간에 인맥은 당신이 목표를 성취하는 데 가장 효과적인 지름길을 제공할 것이다. 마크 그라노베터 교수는 전문 기술직 근로자들 수백 명을 대상으로 한 설문과 조사로 다음과 같은 결과를 도출해냈다.

- 56% : 아는 사람을 통해 일자리를 구했다.
- 18% : 신문 광고나 헤드헌터를 통해 직장을 찾았다.
- 20% : 회사에 직접 이력서를 넣어서 취업했다.
- 6% : 기타

새로운 사람을 만날 때, 당신은 단지 그 새로운 사람 한 명과 만나는 것이 아니다. 그 사람의 인맥과 연결될 기회를 얻는 것이다. 아는 사람의 추천을 받을 때 당신이 원하는 고객

이나 일자리를 얻게 될 가능성이 더 커진다. 어느 특정 개인을 만나고 싶을 경우, 우리는 흔히 그 사람을 알 만한 누군가를 먼저 찾는다. 그리고 대개의 경우 4~5명만 거치면 원하는 목표를 이룰 수 있다.

네트워킹 모임에서의 목표는 인맥을 만드는 것이다. 영업을 하려는 것이 아니다. 또한 정보를 모을 수 있는 자리이기도 하다. 당신에게 도움이 될 만한 사람과 마주쳤다면, 점심시간 또는 저녁 식사 시간에 따로 만날 약속을 잡아라.

어느 모임에서든 당신을 도와줄 사람이 반드시 있을 것이다.

....

새로운 경제 상황에서, 네트워킹(인간관계 연결)이란 필요한 경우에 해야 할 무언가가 아니라, 자신의 경력을 관리하는 지속적인 활동의 일환이다. 네트워킹은 기술이다. 여느 기술과 마찬가지로 익숙해지기 위해서는 연습이 필요하다. 그러니 연습을 하라!

더글러스 카메론(에섹유넷 캐나다, 온타리오 지역부장)

네트워킹 모임에서
성공하기 위한 준비

자신감을 가져라. 하지만 잘난 척하지는 말아라.

중요한 것은 미소와 유머 감각이다.

_ 숀 오셰어(토론토 글로벌 텔레비전 네트워크의 앵커)

　　모임 장소로 출발하기 전에 당신의 목표를 명확히 설정해 놓는다면 그 모임에서 성공을 거둘 확률이 더 높아진다. 예를 들어, 출판계의 누군가를 만나겠다든가 혹은 새로운 공급업체 사장이나 새로운 잠재 고객 다섯 명을 만나야겠다는 등의 목표를 계획할 수 있다.

　　또한 모임 전에 항상 누가 그곳에 나타날 것인지를 알아내 그들에 대한 정보를 수집해라. 당신의 지식이 그들에게 깊은 인상을 심어줄 것이다.

　　그리고 입을 옷과 액세서리들을 미리 구상해 두는 것도 좋은 전략이 된다. 독특한 넥타이나 시계, 핀 같은 시선을 잡아끄는 액세서리를 하고 가 대화의 시작을 매끄럽게 하기 위한 화젯거리로 삼는 방법도 생각해 보라.

계획을 세워 만나는 사람과 5분이나 10분 정도만 함께 해라. 더 깊이 있게 알고 싶은 사람이 있다면 다음 만남을 약속하면 된다. 그리고 나서 새로운 사람에게로 자리를 이동하라. 가능한 도움이 될 수 있는 많은 사람을 만나라.

네트워킹 모임에서는 명찰을 달고 참석하는 경우가 많은데 이 부분에서도 사전 전략이 필요하다. 다른 사람들이 쉽게 알아볼 수 있도록 당신의 명찰을 오른쪽 어깨 부근에 달아라. 악수를 할 때 사람들의 시선은 자연스럽게 상대의 오른쪽 어깨에 머문다. 아래쪽 주머니나 핸드백에 명찰을 숨기지 마라. 또한 허리 근처에 매달아 놓지도 말라. 상대방이 당신의 명찰을 찾기 위해 가슴부터 훑어 내려가야 하는 상황을 만들어서는 안 된다!

....

모임이 퇴근 후라서 배가 고플 만한 시간이라면, 도착하기 전에 무엇이든 먹어 두는 게 좋다. 그 시간조차 낼 수 없다면, 일단 간단한 식사를 시작한 뒤 자리를 옮겨라. 명심해라! 절대로 음식을 먹으면서 대화하려 애쓰지 말라. 네트워킹 모임에 참석하는 목적은 인맥을 만드는 것이다. 앉아서 먹기 위한 자리가 아니다.

아는 사람이 없을 때 사용할 만한 방법

왔노라, 보았노라, 이겼노라.

_ 줄리어스 시저

네트워킹 모임에 참석하기 전에 어떤 기분이 드는가? 낯선 사람에게 접근해 이야기를 나눠야 한다는 것이 걱정스러울 수 있다. 두려워하지 마라. 전문가들이 제시하는 다음의 몇 가지 방법을 이용하면 네트워킹 모임에서 더 많은 성과를 거둘 수 있다.

- 문 근처에 자리를 잡아라. 그럼 짧은 시간 동안 많은 사람들과 얘기할 수 있다.
- 가장 접근하기 좋은 상대는 혼자 서 있는 사람이다. 그 사람도 역시 어색함을 느끼고 있을 것이다. 따라서 당신이 먼저 다가가면 상대는 고마워한다.
- 음식 테이블이나 음료수 바에는 항상 사람들이 많이 모인다. 그곳으로 가서 음식이나 분위기, 모임 등에 대한 내용으로 대화를 시작하라.

- '두 사람은 친구이지만 세 사람은 다수의 집합체일 뿐이다.'라는 말이 있다. 두 사람이 깊은 대화에 빠져 있을 경우에는 그들을 방해하지 말고, 셋이나 그 이상의 사람들이 모인 그룹을 찾아보라.
- 주인의 역할을 맡아라. 다른 사람들에게 당신이 아는 내용을 자발적으로 알려 주어라. 앉을 곳이나 화장실을 찾는 사람에게 위치를 알려 준다면, 금세 오랜 친구처럼 얘기할 수 있게 된다.

─── 황금 규칙 ───

독특한 소개 전략을 사용해서 60초 안에 기억에 남을 만한 인사를 하라.

낯선 사람과 금방 친해지는 방법

당신에게 걸어와서 먼저 손을 내밀며 인사하는 사람은 큰 사람이다.

_ 데이비드 J. 슈워츠

수줍음이 많은 사람들은 대체로 거절당하는 것을 두려워한다. 하지만 살아오면서 거절 한번 당해 보지 않은 사람이 어디 있겠는가? 그리고 안심해라. 직업적인 자리에서는 대부분의 사람들이 다른 사람과 관계를 맺고 싶어 한다! 그 목적으로 네트워킹 모임에 참석하는 것이다. 많은 사람이 새로운 사람을 만나고 싶어 하면서도, 처음 보는 사람한테 다가가는 어색함을 극복하지 못하는 탓에 아는 사람들과만 얘기를 나누며 그 시간을 죽이고 만다.

낯선 사람과 성공적으로 인사할 기회를 잡으려면, 그곳에 있는 그룹들의 보디랭귀지를 잠시 살펴보라. 그리고 대화에 몰입해 있는 두 사람보다 함께 즐거워하며 가벼운 대화를 나누는 그룹을 찾아보는 것이 좋다. 그 그룹에 접근해서 잠깐 대화를 경청하라. 그리고 대화가 잠시 멈췄을 때 자신을 소개해라.

"안녕하세요, 내 이름은 조안이에요. 이 모임에 아는 사람이 없어서, 직접 나를 소개해야겠다고 생각했습니다."

이런 식의 말을 건네라. 그곳의 사람들 대부분이 당신과 같은 입장이었던 적이 있었으므로 동료 의식을 느낄 것이다. 그 모임의 성격이나 이곳에 참석하게 된 동기 등을 물어보면서 대화를 이어 나가라. 달리 할 말이 생각나지 않으면 간단하게 "요즘 하시는 일은 어떠세요?"라고 물어볼 수도 있다.

명심하라! 진심 어린 미소와 시선 맞추기, 경청하는 태도를 동원하여 관심을 표명하는 것이 중요하다. 받아들여지길 기대하라. 그럼 받아들여질 것이다.

기억에 남는 자기소개법

준비된 자기소개 전략이 몇 초 만에 훌륭한 인맥을 만들어 준다.

테드 : 당신은 어떤 일을 하십니까?

앨리슨 : 전 회계사에요. 당신은요?

테드 : 전 시스템 애널리스트입니다.

앨리슨 : 아, 그렇군요…….

아마도 이런 대화를 많이 들어보았을 것이다. 새로운 사람을 만날 때, 당신에게는 상대의 관심을 끌어들일 수 있는 대략 60초 정도의 시간이 부여된다. 그 짧은 시간에 '독특한 자기소개 전략'을 활용함으로써 놀라운 효과를 얻을 수 있다.

"난 재무분석가입니다."라고 소개할 때, 그것은 단순히 당신이 하는 일이 아니라 당신 자신에 대해서 말한 것이다. 처음 만나는 사람에게 당신이 하는 일과 그들에게 도움을 줄 수 있는 방법과 특색 있는 장점 등을 말해라.

"안녕하세요, 내 이름은 이안 토머스입니다. 당신이 바라보는 세상을 선명하게 만들어 드립니다. 안경을 제작하거든요."

"안녕하세요, 제니 블레어예요. 사람들이 제대로 자리를 잡을 수 있도록 도와주고 있어요. 부동산업자랍니다."

자신만의 독특한 소개 전략을 준비해서 자연스럽게 튀어나올 수 있을 때까지 연습하라. 엘리베이터 안에서 친해지고 싶던 사람을 만났다고 가정해 보자. 당신의 준비된 자기소개 전략이 불과 몇 초 안에 훌륭한 인맥을 만들어 줄 것이다.

··········

나에게 좋은 첫인상을 안겨 준 사람들은 대게가 단정한 외모와 활력 있는 분위기를 지녔다. 그들은 외면적으로 드러나는 모습과 말하는 태도에 세심한 신경을 쓴다. 또한 자신에게 관심 없는 내용이라 해도 다른 사람들의 말을 존중하며 잘 들어준다.

산드라 로스카누(피어슨 에듀케이션, 마케팅 부장)

유능한 사람을 벤치마킹해라

당신의 가장 큰 자원은 당신이 만나는 사람들이다.

그런데 무얼 기다리고 있는가?

_ 미셸 대글

사교성이 유달리 뛰어난 사람을 본 적이 있는가? 그들은 언제나, 어느 자리에서든 자신이 해야 할 행동을 정확히 알고 있는 듯하다. 그렇게 우아하게 그룹에 끼어들었다가 우아하게 빠져나가며, 그 모임에 온 대부분의 사람들과 대화를 나눈다. 그들의 테크닉을 활용해서 당신도 효율성을 높일 수가 있다.

- 각기 다른 사람들을 돌아가며 만나라. 자리에 앉아 있지 말라. 그럼 당신은 게임에서 벗어나게 된다.
- 한 사람과 5분이나 10분 정도를 보내고 다른 그룹이나 다른 개인에게로 옮겨가라.
- 대화의 주제들을 몇 개 준비해 두어라. 그 아이디어들을 얻으려면 잡담을 주의 깊게 들어야 한다.

- 명함을 간단하고 신속하게 꺼낼 수 있는 곳에 넣어 두어라. 앞으로 연락하고 싶은 사람에게 그 명함을 건네라.
- 적당한 제스추어와 유머를 개발해 두어라.
- 상대방과 시선을 맞추고, 진지한 태도를 지녀야 함을 명심해라.
- 항상 미소 지으며 이야기하라.

명함을 잘 관리하는 방법

모임 전에 필요한 물건들을 정리하자.

주머니처럼 쉽게 꺼낼 수 있는 장소에 명함을 넣어 두어라.

다음과 같은 일을 겪은 적이 있는가? 당신과 인사를 나누고 명함을 건네받은 상대방이 명함을 내려다보고 나서 당황스러운 표정으로 당신을 쳐다본다. 그리고 이렇게 말한다.

"당신이 핸디 댄디 철물 회사에서 일하는 줄은 몰랐습니다."

어떻게 된 일일까?

당신이 다른 사람의 명함을 내밀었던 것이다.

네트워킹 모임 전에 필요한 물건들을 정리하자. 주머니처럼 쉽게 꺼낼 수 있는 장소에 명함을 넣어 두어라. 그리고 당신이 받는 명함은 다른 쪽 주머니에 집어넣어라. 그래야 당신의 물건과 섞이지 않는다. 중요한 정보를 적어야 할 경우를 대비해서 펜 역시 곧바로 꺼낼 수 있는 곳에 준비해 두자.

명함은 가치 있게 다뤄야 한다. 다른 사람이 명함을 건네주자마자 그 위에 뭔가를 끄적거리는 것은 예의 없는 짓이다.

상대와 헤어지고 나서 필요한 정보를 메모하라. 즉시 어떤 내용을 기록해야 할 필요가 있다면 그 명함에 써도 되는지에 대해서 상대방의 허락을 먼저 구해라. 대화를 끝내는 좋은 방법은 명함을 교환하는 것이다. 당신이 명함을 내밀 때가 바로 대화가 끝났으며 다른 그룹으로 이동해 가겠다는 신호이다.

우아하고 세련되게 대화를
마무리하는 방법

무례하게 대화를 끝내면 지금까지의 좋은 인상이 다 쓸모없게 된다.

마침내 누군가와 대화를 시작했다! 그런데 당신과 상대방 모두 우아하게 대화를 마무리하는 방법을 알지 못한다. 그래서 단 한 사람과 계속 대화하다가 다른 사람과는 만날 기회조차 가져보지 못하고 그 모임을 끝내게 된다. 다시 한번 되새길 내용은 네트워킹 모임의 목적은 되도록 많은 사람과 만나는 것이라는 것이다.

대화를 우아하게 끝내려면 상대방이 말한 직후보다는 당신이 말한 직후에 작별을 고하는 것이 좋다. 다른 사람이 말한 후에 대화를 끝내면 무례해 보인다.

"먹을 걸 가지러 가야겠어요." 혹은 "칵테일 바에 가야겠어요."라는 식의 핑계를 사용할 때는 조심해야 한다. 상대방이 음식 테이블로 같이 가겠다고 나설 수도 있고, 당신에게 음료수를 갖다 달라고 부탁할 수도 있다. 화장실에 간다는 핑계도 위험하다. 사람들은 그런 곳에 같이 가려는 경향이 있다(물론 성별이 같을 경우에만!).

　"전화를 걸러 가야겠어요."라는 핑계는 효과가 있다. 전화하는 데까지 따라나서는 사람은 거의 없기 때문이다. 하지만 대화를 끝내려 할 때 제일 좋은 방법은 간단하게, "즐거운 대화였습니다."라고 말하며 악수를 한 다음 자리를 뜨는 것이다. 굳이 길게 설명할 필요가 없다.

모임이 끝난 후 인맥을 이어가는 방법

새로운 사람과 관심사를 공유해라.

그러면 더 쉽게 친밀해진다.

네트워킹 모임에서 좋은 사람을 만나 대화를 했음에도 그 후 그 사람과 새로운 인맥으로 연결되지 않아서 고민스러웠던 적이 있는가? 지속적인 후속 연결이 없는 모임 참석은 목표를 반밖에 이루지 못한 것이다.

새로운 사람을 만난 직후에, 그들에 대한 중요한 정보와 개인적인 상황들을 메모해 두어야 한다. 이것이 다음에 만날 이유를 제공해 준다. 예를 들어, 당신의 잠재적인 고객이 자신의 개를 훈련시키고 싶다는 언급을 했다면 개 훈련소에 대한 정보를 가지고 연락을 취할 수 있다.

전화나 편지로 다음 만남을 정하라. 편지의 경우 직접 손으로 쓰는 것이 최상이지만, 이메일을 보내는 것도 무방하다. 어느 한쪽의 사무실에서 만나거나 커피 한 잔, 혹은 점심 식사를 같이 하자고 제안하라. 될 수 있으면 모임을 가진 후 48시간 이내에 연락을 해라.

일주일 혹은 그 이상의 시간이 지난 후 연락을 취하면 자기 소개부터 다시 해야 할지도 모른다.

마지막으로 당신이 약속한 것을 잊지 말고 실천하라. 함께 얘기했던 내용의 정보나 기사를 보내라. 잊지 말아야 할 것은 네트워킹 모임의 목적은 지속적인 관계를 만들어 나가는 데 있다는 것이다.

첫인상의 위력은 막강하다.

이 사실을 모르는 사람은 별로 없다. 그런데 아는 것만으로 그친 어떤 사람은 항상 제자리에 남아 있고, 일찌감치 방법을 터득한 어떤 사람은 남보다 먼저 한발짝 앞서서 성공 가도를 달리고 있다.

그렇다면 좋은 첫인상을 만드는 방법은 과연 무엇일까?

우리는 상대를 전혀 모르는 상태에서도 그 사람을 나름대로 판단하고 규정짓는다. 처음 보았을 때부터 호감이 가는 사람들이 있는 반면에 보자마자 싫어지는 사람들도 있다. 지저분하다든지, 초라하다든지, 성격이 나빠 보인다든지, 멍청해 보인다든지……. 이렇듯 전혀 모르는 사람에게서도 겉으로 보이는 상대의 모습 혹은 전해지는 느낌만으로 그 사람을 싫은 부류 속에 집어넣는다.

또한 우리는 누구나 자신만의 이미지를 가지고 있다. 우아한 이미지, 귀여운 이미지, 지적인 이미지, 남자다운 이미지, 권위적인 이미지, 답답한 이미지, 한심한 이미지……. 아름다운 외모를 타고났다고 해서 누구나 좋은 인상을 전하는 것도 아니다. 예쁘게 생겼는데도 왠지 불쾌한 사람이 있고, 잘생겼는데도 왠지 거부감이 드는 사람도 있다.

나의 이미지와 인상은 단순히 외모만으로 구성되는 것이 아니다. 겉모습이 포함되어야 하는 것은 물론이고, 나의 몸짓, 나의 표정, 나의 태도, 게다가 나의 마음가짐까지 모조리 집결되어야 비로소 나의 이미지와 인상이 완성된다.

게다가 그 이미지와 인상은 줄기차게 나의 현재와 미래에 막대한 영향력을 행사하며 그 위력을 과시한다. 나의 이미지, 나의 첫인상이 나의 성공, 나의 출세, 나의 사랑, 더 넓게는 나의 인생 전체를 좌지우지할 수 있다.

나이를 먹을수록 사람은 자신의 얼굴에 책임을 져야 한다고 한다. 그것은 곧 자신의 느낌, 인상, 이미지를 자신이 만들어 나가야 한다는 뜻이며, 노력이 필요하다는 필연성까지 내포하고 있다. 이 책을 선택한 독자 역시 그 노력의 첫걸음을 뗀 것이라고 믿는다.

나선숙

퍼스트 임프레션

초판 1쇄 인쇄 2023년 2월 22일
초판 1쇄 발행 2023년 2월 27일

지은이   린다 골드맨, 산드라 스마이드
옮긴이   나선숙
펴낸이   한익수
펴낸곳   도서출판 큰나무
등록   1993년 11월 30일(제5-396호)
주소   (10424)경기도 고양시 일산동구 호수로 430번길 13-4
전화   031 903 1845
팩스   031 903 1854
이메일   btreepub@naver.com
블로그   blog.naver.com/btreepub

값   15,000원
ISBN   978-89-7891-406-2 (03190)

잘못 만들어진 책은 구입하신 서점에서 교환해 드립니다.